CIÊNCIAS
ÂNGELA e SUELI
3

*Dedicamos esta obra a vocês, professores e alunos, e os convidamos a conhecer o mundo através das lentes das Ciências da Natureza, reinventando modos de ensinar e aprender.
Com carinho,
Ângela e Sueli*

ÂNGELA BERNARDES DE ANDRADE GIL

Licenciada em Letras pela Universidade de Taubaté (SP).
Professora de Língua Portuguesa e de Ciências no Ensino Fundamental,
atuando há vários anos em escolas das redes pública e privada de São Paulo.
Diplomada no curso: Ensino e aprendizagem de Ciências Naturais,
História e Geografia no Ensino Fundamental I e na Educação Infantil, pelo Instituto Superior
de Educação Vera Cruz – Cevec – Centro de Estudos Educacionais.

SUELI FANIZZI

Doutora e Mestre em Educação – Ensino de Ciências e Matemática
pela Faculdade de Educação da Universidade de São Paulo.
Licenciada em Pedagogia pela Universidade de São Paulo.
Professora do curso de Pedagogia da Universidade de Mogi das Cruzes.
Assessora pedagógica e formadora de professores dos anos iniciais do Ensino Fundamental.

Ciências Ângela e Sueli – Ciências – 3º ano
Copyright © Ângela Bernardes de Andrade Gil e Sueli Fanizzi, 2018

Diretor editorial	Lauri Cericato
Diretora editorial adjunta	Silvana Rossi Julio
Gerente editorial	Natalia Taccetti
Editora	Luciana Leopoldino
Editora assistente	Laura de Paula
Assessoria	Maissa Salah Bakri, Nathália Azevedo
Gerente de produção editorial	Mariana Milani
Coordenador de produção editorial	Marcelo Henrique Ferreira Fontes
Gerente de arte	Ricardo Borges
Coordenadora de arte	Daniela Máximo
Projeto gráfico	Bruno Attili, Juliana Carvalho
Projeto de capa	Sérgio Cândido
Ilustração de capa	Wandson Rocha
Supervisor de arte	Vinicius Fernandes
Editor de arte	Leandro Brito
Diagramação	Essencial design
Tratamento de imagens	Ana Isabela Pithan Maraschin, Eziquiel Racheti
Coordenadora de ilustrações e cartografia	Marcia Berne
Ilustrações	Estúdio Lab307, Héctor Gómez, Luis Moura, Marcelo de Almeida, N. Akira, Ornitorrinco, Peterson Mazzoco, Raoni Xavier
Cartografia	Allmaps
Coordenadora de preparação e revisão	Lilian Semenichin
Revisão	Carolina Manley, Cristiane Casseb, Desirée Araújo, Jussara R. Gomes, Solange Guerra
Supervisora de iconografia e licenciamento de textos	Elaine Bueno
Iconografia	Danielle de Alcântara, Ana Paula de Jesus
Licenciamento de textos	Marianna Moretti, Bárbara Clara, Carla Marques
Supervisora de arquivos de segurança	Silvia Regina E. Almeida
Diretor de operações e produção gráfica	Reginaldo Soares Damasceno

Dados Internacionais de Catalogação na Publicação (CIP)
(Câmara Brasileira do Livro, SP, Brasil)

Gil, Ângela Bernardes de Andrade
  Ciências : Ângela & Sueli, 3º ano / — 1. ed. —
São Paulo : FTD, 2018.

  Bibliografia.
  ISBN 978-85-96-01590-5 (aluno)
  ISBN 978-85-96-01591-2 (professor)

  1. Ciências (Ensino fundamental) I. Fanizzi, Sueli. II. Título.

18-15150   CDD-372.35

Índices para catálogo sistemático:
1. Ciências : Ensino fundamental   372.35
Maria Alice Ferreira - Bibliotecária - CRB-8/7964

1 2 3 4 5 6 7 8 9

Envidamos nossos melhores esforços para localizar e indicar adequadamente os créditos dos textos e imagens presentes nesta obra didática. No entanto, colocamo-nos à disposição para avaliação de eventuais irregularidades ou omissões de crédito e consequente correção nas próximas edições. As imagens e os textos constantes nesta obra que, eventualmente, reproduzam algum tipo de material de publicidade ou propaganda, ou a ele façam alusão, são aplicados para fins didáticos e não representam recomendação ou incentivo ao consumo.

Reprodução proibida: Art. 184 do Código Penal e Lei 9.610 de 19 de fevereiro de 1998.
Todos os direitos reservados à **EDITORA FTD**.

Rua Rui Barbosa, 156 – Bela Vista – São Paulo – SP
CEP 01326-010 – Tel. 0800 772 2300
Caixa Postal 65149 – CEP da Caixa Postal 01390-970
www.ftd.com.br
central.relacionamento@ftd.com.br

A comunicação impressa e o papel têm uma ótima história ambiental para contar

A - 758.742/22

APRESENTAÇÃO

Caro aluno,

Preparamos com muito carinho esta coleção para abrir as portas do universo científico a você e seus colegas.

Aprender Ciências significa observar, pesquisar e investigar, com atenção, questões que envolvem os fenômenos da natureza e os seres vivos em constante relação com o ambiente. Dessa forma, refletir e discutir sobre essas questões, fazer experimentos, testar e comprovar hipóteses serão ações importantes para a sua aprendizagem.

Desejamos um bom estudo!
Um abraço,
As autoras.

SUMÁRIO

UNIDADE 1 — O PLANETA TERRA E SUAS CARACTERÍSTICAS 8

- O FORMATO E A SUPERFÍCIE DA TERRA 10
- REPRESENTANDO A TERRA 11
- A ÁGUA NO PLANETA TERRA 13
  - ÁGUA NO SUBSOLO 15
  - A ÁGUA NEM SEMPRE É LÍQUIDA 15
  - A QUANTIDADE DE ÁGUA NA TERRA 18
- A CAMADA DE AR QUE ENVOLVE A TERRA 19
- UM PASSO A MAIS 20

UNIDADE 2 — OBSERVANDO O CÉU 22

- CÉU DIURNO 24
- CÉU NOTURNO 25
- OS ASTROS NO CÉU 26
  - PLANETAS 26
  - ESTRELAS 27
  - SATÉLITES NATURAIS 29
- LER PARA... CONHECER • A OBSERVAÇÃO DOS ASTROS E A TECNOLOGIA 30
- COMO SURGEM O DIA E A NOITE? 31
- INVESTIGANDO E EXPERIMENTANDO • MODELO DO MOVIMENTO DE ROTAÇÃO DA TERRA 32
- SERES VIVOS DO DIA E DA NOITE 33
  - ANIMAIS DE HÁBITOS DIURNOS 33
  - ANIMAIS DE HÁBITOS NOTURNOS 34
  - AS PLANTAS E OS PERÍODOS 35
- UM PASSO A MAIS 36

ILUSTRAÇÕES: ESTÚDIO ORNITORRINCO

UNIDADE 3 — CARACTERÍSTICAS DO SOLO ... 38

- O QUE É O SOLO? ... 40
- LER PARA... CONHECER • DIA NACIONAL DA CONSERVAÇÃO DO SOLO ... 41
- A FORMAÇÃO DO SOLO ... 43
- OFICINA • COLEÇÃO DE ROCHAS ... 45
- A CLASSIFICAÇÃO DOS SOLOS ... 46
- INVESTIGANDO E EXPERIMENTANDO • POR ONDE A ÁGUA PASSA MAIS RÁPIDO? ... 48
- PERMEABILIDADE DO SOLO ... 50
- UM PASSO A MAIS ... 52

UNIDADE 4 — DIFERENTES USOS DO SOLO ... 54

- A IMPORTÂNCIA DO SOLO PARA A VIDA ... 56
- ALGUNS ANIMAIS QUE VIVEM NO SOLO ... 57
- PREPARO DO SOLO PARA O PLANTIO ... 59
  - ARAÇÃO ... 59
  - ADUBAÇÃO ... 60
  - IRRIGAÇÃO ... 61
  - DRENAGEM ... 61
- LER PARA... CONHECER • AGRICULTURA INDÍGENA ... 64
- EXTRAÇÃO DE RECURSOS DO SOLO ... 66
- UM PASSO A MAIS ... 68

UNIDADE 5 — CONSERVAÇÃO DOS SOLOS ... 70

- O SOLO É MUITO IMPORTANTE! ... 72
- LER PARA... CONHECER • FORMIGAS AGRICULTORAS ... 74
- DEGRADAÇÃO E POLUIÇÃO DO SOLO ... 75
  - OS RESÍDUOS E O SOLO ... 77
- INVESTIGANDO E EXPERIMENTANDO • EROSÃO DO SOLO ... 79
- UM PASSO A MAIS ... 82

UNIDADE 6 — OS SERES HUMANOS E OS OUTROS ANIMAIS ... 84

FASES DA VIDA DO SER HUMANO ... 86
    INFÂNCIA ... 86
    ADOLESCÊNCIA ... 87
LER PARA... SE INFORMAR • OS 10 DIREITOS DA CRIANÇA ... 88
    VIDA ADULTA ... 90
    VELHICE ... 90
FASES DA VIDA DE OUTROS ANIMAIS ... 92
ALGUMAS CARACTERÍSTICAS DOS ANIMAIS ... 94
    LOCOMOÇÃO ... 94
    ALIMENTAÇÃO ... 95
    COBERTURA DO CORPO ... 96
UM PASSO A MAIS ... 98

UNIDADE 7 — GERMINAÇÃO DAS SEMENTES ... 100

GERMINAÇÃO DAS SEMENTES ... 102
    ÁGUA ... 103
    AR ... 103
    TEMPERATURA ... 103
    LUZ ... 103
LER PARA... CONHECER • AS SEMENTES QUE VIERAM DO CÉU ... 105
OFICINA • COLEÇÃO DE SEMENTES ... 107
DISPERSÃO DAS SEMENTES ... 108
REPRODUÇÃO SEM SEMENTES ... 110
UM PASSO A MAIS ... 112

UNIDADE 8 LUZ 114

A LUZ E OS OBJETOS 116
    OBJETOS OPACOS, TRANSPARENTES E TRANSLÚCIDOS 117
LUZ E SOMBRAS 120
LER PARA... SE DIVERTIR • TEATRO DE SOMBRAS 120
A LUZ E A VISÃO 121
    COMO ENXERGAMOS 121
INVESTIGANDO E EXPERIMENTANDO • CAMPO DE VISÃO 123
SAÚDE VISUAL 124
LER PARA... SE INFORMAR • PARA CONVIVER MELHOR COM PESSOAS COM DEFICIÊNCIA VISUAL 124
AVANÇOS DA CIÊNCIA • TECNOLOGIAS E AS DEFICIÊNCIAS VISUAIS 125
UM PASSO A MAIS 126

UNIDADE 9 SOM 128

UM MUNDO DE SONS 130
O SOM DOS INSTRUMENTOS 131
LER PARA... CONHECER • O PIANO 132
OFICINA • PRODUZINDO SONS 133
A VOZ 134
INVESTIGANDO E EXPERIMENTANDO • OBJETOS QUE VIBRAM 135
A AUDIÇÃO E O SOM 137
DEFICIÊNCIAS AUDITIVAS 138
SAÚDE AUDITIVA 139
UM PASSO A MAIS 140

CENTROS, SALAS, PARQUES E MUSEUS DE CIÊNCIAS NO BRASIL 142
REFERÊNCIAS BIBLIOGRÁFICAS 144

UNIDADE 1

O PLANETA TERRA E SUAS CARACTERÍSTICAS

Observe detalhadamente a imagem.

1. A cor predominante do planeta Terra é a azul. O que esta cor representa?

2. Que outras cores você percebe na superfície do planeta? O que você supõe que elas representam?

3. Você acha que a superfície da Terra é lisa? Explique sua resposta.

VOCÊ VAI APRENDER SOBRE:
- O formato da Terra
- A superfície da Terra
- A água no planeta Terra
- A camada de ar que envolve a Terra

Planeta Terra visto do espaço. Fotografia tirada por satélite em órbita ao redor do planeta, pela Agência Espacial Estadunidense (NASA), em 2012.

O FORMATO E A SUPERFÍCIE DA TERRA

O QUE VOCÊ TEM PARA CONTAR?

Você já viu imagens no cinema, na televisão, na internet, em revistas ou livros que tenham mostrado características da Terra?
Que informações você tem sobre nosso planeta?

Ao observar a imagem da Terra vista do espaço das páginas anteriores, podemos notar que ela tem a forma de uma esfera, isto é, é redonda, quase como uma bola! Mas sua forma não é tão certinha como parece. Podemos dizer que ela é quase esférica, pois é levemente achatada nos polos, apesar de não enxergarmos isso na imagem.

A superfície do planeta também não é lisa, e sim irregular.

ATIVIDADE

- Observe a imagem abaixo e responda às questões.

Imagem de um trecho da superfície da Terra em três dimensões (3D), produzida pela Agência Espacial Estadunidense (NASA) em parceria com o Japão, 2011.

a) O que você imagina que sejam essas "rugas" na superfície?

b) Percebe-se na imagem uma linha longa, que corta grande parte do terreno. Do que se trata essa linha?

c) E as partes esverdeadas, o que são?

REPRESENTANDO A TERRA

> Nosso planeta é muito grande para que possamos vê-lo todo de uma vez. Como você imagina ser possível representar a Terra?

Podemos representar a Terra de algumas maneiras, sendo o globo terrestre a forma mais fiel, por causa do seu formato.

Há também os planisférios ou mapas-múndi, que são formas planas de representar o planeta. Nesse processo, há sempre algum tipo de deformação da superfície do planeta.

O globo terrestre é uma representação reduzida e em três dimensões do planeta.

MAPA-MÚNDI

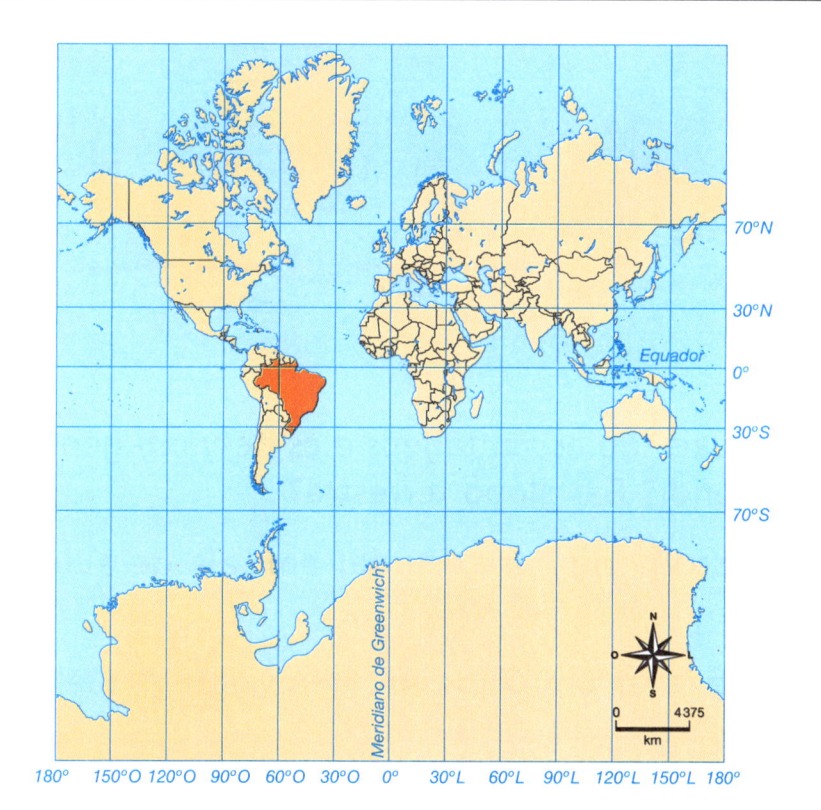

Fonte: IBGE. **Introdução à Cartografia**. Disponível em: <http://biblioteca.ibge.gov.br/visualizacao/livros/liv64669_cap2.pdf>. Acesso em: 12 set. 2017.

Nesse mapa-múndi, os países mais próximos aos polos aparecem maiores do que realmente são. Em destaque, está o Brasil.

A fotografia também é uma forma de representar a Terra. A imagem de abertura desta unidade é uma fotografia do planeta tirada do espaço.

11

ATIVIDADES

1. Veja as preferências de Iara e Jonas sobre as representações da Terra.

a) Em sua opinião, quais são as vantagens e as desvantagens de se utilizar o mapa-múndi? E o globo terrestre?

b) Qual deles você escolheria para estudar em sala de aula? Justifique.

c) Se você tivesse que levar um deles em uma viagem, qual seria? Explique sua resposta.

2. A Terra também pode ser representada por meio de desenhos.

a) Observe diferentes fotografias do planeta em globos e mapas.

b) Em uma folha avulsa, desenhe o planeta Terra da forma como você o entende.

A ÁGUA NO PLANETA TERRA

> Onde está a água do planeta? Em que diferentes locais você já viu a água e de que forma ela se apresentava?

Ao observarmos a imagem de abertura desta unidade, percebemos que a maior parte da Terra é coberta por água.

O que está em azul corresponde aos oceanos e mares. Mas a água do planeta também se encontra em rios, riachos, córregos, lagos, lagoas, no subsolo, bem como no ar, em forma de vapor, e em locais com baixas temperaturas, na forma de gelo.

Toda a água presente no planeta, em suas diversas formas, compõe a hidrosfera.

Água do mar na praia do Espelho, em Porto Seguro, BA, 2016.

Água do rio Amazonas em Belém, PA, 2015.

ATIVIDADES

1. No globo ao lado, pinte de azul os mares e oceanos.
   - O que são as partes escuras?

2. O trecho abaixo faz parte do livro de poemas **"Os Quatro...?"**, de Cláudia Pacce. Vamos ler o texto com o professor?

[...]
Se for quieta ou em ducha
acaba com a calorada,
não há flor que fique murcha
e nem floresta queimada.

[...]

Ela também pode ser
cheia de medo ou prazer
cheia de peixe, conchinha,
salgada e agitadinha.

[...]

Cláudia Pacce. **Os Quatro...?**. 3. ed.
São Paulo: Global, 1999. p. 7.

a) Qual é o tema do poema?

b) Nos primeiros quatro versos, a autora se refere a que tipo de água? Como é possível saber?

c) No final do poema, a autora se refere à água do mar. Em que versos percebemos claramente isso? Explique sua resposta.

d) No espaço reservado ao redor do texto, faça uma ilustração que represente o poema.

ÁGUA NO SUBSOLO

Uma parte da água doce da Terra está no subsolo, ocupando espaços entre as rochas e a terra. Ela se **infiltra** após as chuvas e **aflora** nas nascentes. As nascentes podem dar origem a rios. Mas, para que a água infiltre no solo, ele tem que estar permeável, ou seja, não pode estar coberto de asfalto ou concreto, como em ruas e calçadas, por exemplo.

Infiltra: entra.
Aflora: vem à superfície.

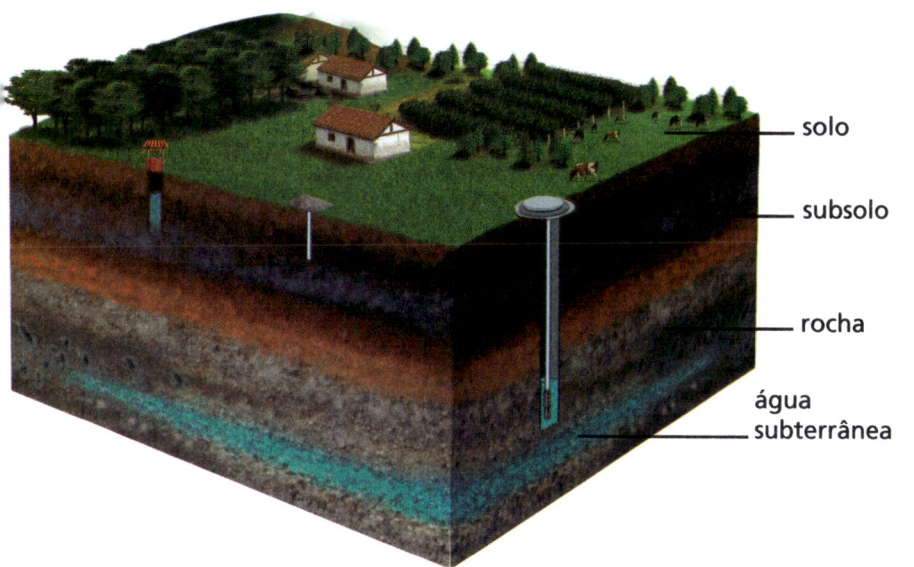

AS CORES NÃO CORRESPONDEM AOS TONS REAIS.

AS IMAGENS ESTÃO FORA DE ESCALA DE TAMANHO.

A água subterrânea pode ser encontrada em diferentes profundidades no solo.

A ÁGUA NEM SEMPRE É LÍQUIDA

Sempre que falamos em água, pensamos nela na forma líquida, não é mesmo? Afinal, usamos água líquida no nosso dia a dia para muitas atividades: tomamos banho, bebemos água, escovamos os dentes, damos água para os animais, colocamos nas plantas, entre tantas outras atividades.

A água está presente no dia a dia em muitas situações. Por exemplo, para beber e regar as plantas.

ÁGUA SÓLIDA

Na Terra existem regiões muito frias onde a água congela. O Polo Norte, o Polo Sul e o topo das montanhas mais altas são exemplos de lugares onde ocorre o congelamento. Quando a água se apresenta dessa forma, dizemos que a água está sólida.

Na foto, vemos a geleira Perito Moreno, na Patagônia argentina, em 2016. Uma geleira é uma grande massa de gelo formada por várias camadas de neve compactada.

ÁGUA EM FORMA DE VAPOR

Quando a água está na forma de vapor, não conseguimos vê-la. Quando a quantidade de vapor de água diminui, o ar fica seco, podendo causar coceira no nariz, irritação nos olhos, tosse, entre outros sintomas. A pele também pode ficar ressecada.

As plantas e os outros animais também sofrem com o ar muito seco.

O vapor de água está presente no ar, mas não conseguimos vê-lo.

ATIVIDADES

1. Jaqueline tem 3 anos de idade e quer fazer a água líquida ficar sólida.

   a) É possível fazer a água líquida ficar sólida?

   ☐ Sim   ☐ Não

   b) O que Jaqueline deve fazer para conseguir isso?

   _____
   _____
   _____

2. Antônio tem 4 anos de idade e mora no Rio de Janeiro. Ele quer levar cubos de gelo à praia e colocá-los em uma montanha de areia, para ficar como as montanhas que têm água congelada.

   a) O que acontece com o gelo quando é levado à praia em uma cidade com temperaturas como as do Rio de Janeiro?

   _____
   _____
   _____

   b) Em função da resposta do item **a**, você acha que a tentativa de Antônio dará certo? Explique a sua resposta.

   _____
   _____
   _____
   _____

A QUANTIDADE DE ÁGUA NA TERRA

O gráfico a seguir representa toda a água da Terra.

Observe como é pequena a parte de água doce disponível para o consumo dos seres humanos e dos demais seres vivos.

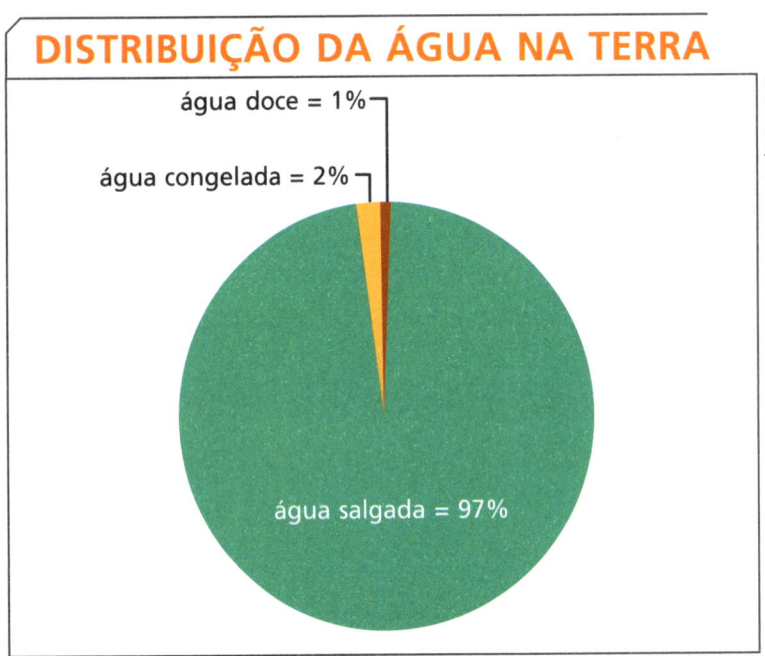

Fonte dos dados: USGS Water Science School. Disponível em: <https://water.usgs.gov/edu/earthwherewater.html>. Acesso em: 24 jul. 2017.

ATIVIDADE

- Observe atentamente o gráfico acima.

a) Na malha ao lado, pinte com cores diferentes os quadrinhos que representam a água salgada, a água doce e a água congelada.

b) Complete a legenda com as cores escolhidas.

☐ Água doce.

☐ Água congelada.

☐ Água salgada.

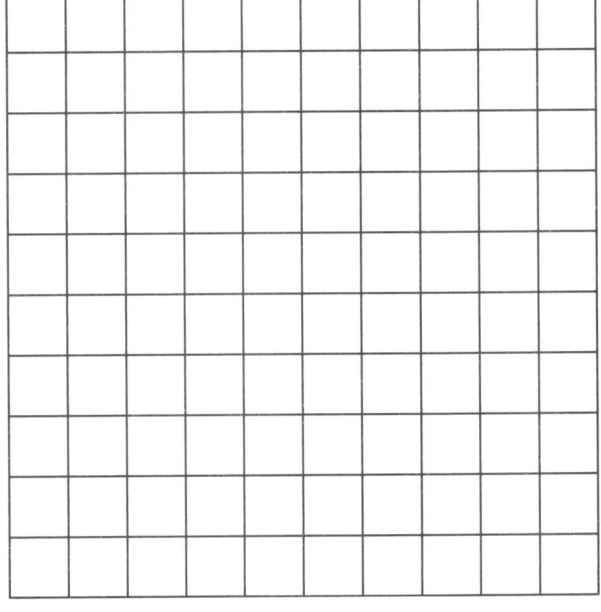

A CAMADA DE AR QUE ENVOLVE A TERRA

> Você já ouviu a palavra atmosfera? Em que situações? Se não ouviu, o que imagina que seja?

O planeta Terra está envolvido por uma camada de ar. Essa camada recebe o nome de **atmosfera**. Observe esta imagem.

Fotografia da atmosfera da Terra vista da Estação Espacial Internacional, 2015.

A atmosfera contém uma mistura de vários gases, entre eles o gás oxigênio, o gás carbônico e o vapor de água.

O gás oxigênio é o gás que os seres humanos, os outros animais e as plantas necessitam para respirar.

ATIVIDADES

1. Como se chama a camada de ar que envolve a Terra?

___

2. De que gás a maioria dos seres vivos precisa para respirar?

___

UM PASSO A MAIS

1. Observe a pintura a seguir e faça o que se pede.

Um pintor à beira-mar, de Benedito Calixto, 1922. Óleo sobre tela. 37 cm x 64 cm. Coleção de Augusto Carlos F. Velloso.

a) Inspirado nessa pintura, faça desenhos que representem a água sólida e a água líquida.

ÁGUA SÓLIDA

ÁGUA LÍQUIDA

b) Qual é a terceira forma em que a água pode ser encontrada? Em sua opinião, por que ela não foi desenhada?

2. Leia a situação descrita abaixo.

Luciana disse que, quando chove, ela não sente coceira nos olhos e não tosse com muita frequência. Mas, quando fica muito tempo sem chover, ela tosse demais e os olhos coçam muito.

- Escreva um *e-mail* para Luciana explicando por que isso acontece e como ela pode se cuidar para que não sofra tanto os efeitos do ar seco. Se necessário, pesquise com a orientação do professor.

_____
_____
_____
_____

UNIDADE 2
OBSERVANDO O CÉU

1. Você sabe por que o dia e a noite acontecem?

2. A fotografia mostra um céu à noite. O que você vê nele?

3. O que mais pode ser visto no céu à noite?

Céu estrelado sobre o Cânion do Talhado, em Delmiro Gouveia, AL, 2016.

VOCÊ VAI APRENDER SOBRE:
- Céu diurno
- Céu noturno
- Os astros no céu
- Como os dias acontecem
- Seres vivos noturnos e diurnos

CÉU DIURNO

💬 O QUE VOCÊ TEM PARA CONTAR?

Você já deve ter lido ou ouvido falar sobre o céu em diferentes situações, como em notícias, poemas, músicas e lendas.
- Conte para os colegas e o professor o que você se lembrar.

Olhando para o céu durante o dia, podemos ver o Sol, às vezes a Lua, nuvens e relâmpagos, alguns animais, como aves, entre outros componentes. Também podemos ver objetos como aviões, helicópteros e pipas.

Às vezes, a poluição do ar nas grandes cidades dificulta a observação do céu. Nos locais onde há menos veículos ou indústrias, o ar costuma ser menos poluído, e a observação do céu é facilitada.

Céu limpo em uma área distante de grandes cidades. Veem-se nuvens e o Sol. Praia no vilarejo de Joanes, na Ilha do Marajó, em Salvaterra, PA, 2015.

Cidade com poluição do ar, prejudicando a observação do céu. São Paulo, SP, 2016.

🚩 ATIVIDADES

1. Em uma folha avulsa, desenhe o que você vê no céu durante o dia.

2. Quais componentes citados no texto ou que você desenhou não fazem parte do planeta Terra?

CÉU NOTURNO

> No céu noturno, é possível ver outros componentes que não fazem parte da Terra?

À noite não vemos o Sol. Sem a luz do Sol, conseguimos ver outras estrelas no céu. Também podemos ver a Lua, nuvens, relâmpagos, alguns animais, como morcegos, e até mesmo objetos, como aviões e helicópteros iluminados.

A observação do céu noturno pode ser dificultada nas grandes cidades, pois as luzes da cidade podem ofuscar o brilho das estrelas. A poluição e a presença de nuvens também podem atrapalhar essa observação.

Algumas das luzes que vemos no céu e chamamos de estrelas são na verdade planetas. Marte e Vênus costumam estar visíveis no céu noturno. Se olharmos atentamente, notamos que são diferentes das estrelas. Marte tem um brilho mais avermelhado, e Vênus, também conhecido como estrela-d'alva ou estrela da manhã, brilha mais intensamente e pode ser visto até o amanhecer.

> **Ofuscar:** dificultar a visão.
> **Estrela cadente:** é qualquer objeto que vem do espaço e que, ao entrar na atmosfera da Terra, deixa um rastro luminoso.

Algumas vezes também podemos ver no céu noturno as chamadas **estrelas cadentes**.

ATIVIDADE

- Você costuma ver o céu estrelado onde você mora? Comente.

OS ASTROS NO CÉU

 Você conhece outro planeta que não seja a Terra? Qual é o nome dele?

O Universo é formado por planetas, estrelas, satélites e outros corpos, que podem ou não ser vistos no céu da Terra. Chamamos de astros, ou corpos celestes, todos os componentes do Universo.

Existem astros que possuem luz própria, como as estrelas, e outros que não possuem, como os planetas e os satélites. Conseguimos enxergar planetas e satélites porque eles são iluminados pela luz de outros astros.

PLANETAS

Os planetas são astros que:
- não têm luz própria;
- giram em torno de uma estrela;
- são arredondados, isto é, têm o formato parecido ao de uma bola;
- têm sua órbita, ou seja, o caminho que percorrem em torno da estrela, livre de outros astros.

A Terra é um planeta. Ela gira em torno do Sol e recebe dele luz e calor, o que possibilita a vida. Além da Terra, outros sete planetas giram ao redor do Sol.

Representação artística dos planetas que giram ao redor do Sol.

A IMAGEM ESTÁ FORA DE ESCALA DE TAMANHO.

AS DISTÂNCIAS ENTRE AS ÓRBITAS DOS PLANETAS NÃO ESTÃO EM PROPORÇÃO.

AS CORES NÃO CORRESPONDEM AOS TONS REAIS.

ATIVIDADES

1. Que outro termo podemos usar para designar os astros?

_____

_____

2. Pinte as características típicas de um planeta.

| Tem luz própria. | Gira em torno de uma estrela. | É arredondado. |

ESTRELAS

As estrelas são astros que têm luz própria. Grande parte dos pontos brilhantes que vemos no céu à noite são estrelas.

O ser humano observa o céu noturno há muito tempo. Nessas observações, diferentes povos visualizavam figuras no céu. Essas figuras eram formadas por linhas imaginárias entre as estrelas e representavam animais, objetos ou personagens de lendas.

Muitas dessas figuras deram nome às constelações, que são divisões do céu. Por exemplo, a constelação do Cruzeiro do Sul contém estrelas que formam a imagem de uma cruz.

Constelação do Cruzeiro do Sul, que pode ser vista no céu do Brasil. Note que as quatro estrelas mais brilhantes formam a imagem de uma cruz.

O SOL

O Sol também é uma estrela. É a estrela que fica mais perto do nosso planeta, por isso podemos enxergá-la como uma grande bola amarela. As demais estrelas, por estarem mais distantes, são vistas apenas como pontinhos luminosos.

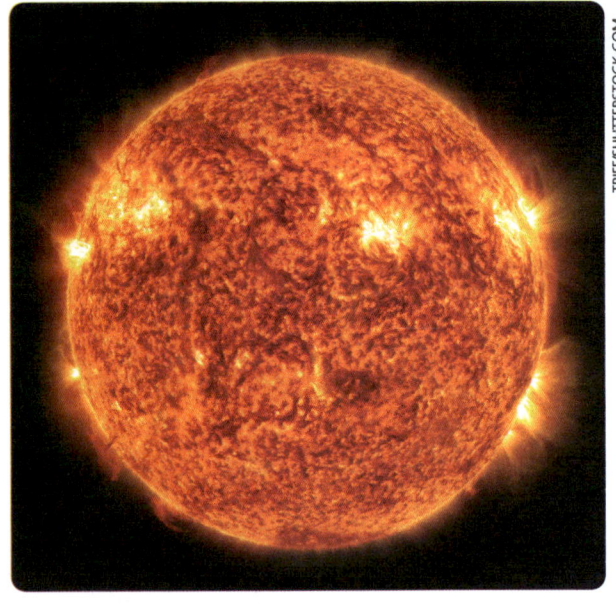

O Sol é a estrela que fica mais próxima da Terra.

ATIVIDADES

1. Complete as frases.

   a) As estrelas são astros que têm _____ própria.

   b) Nem todos os astros que vemos à noite, no céu, são _____.

   c) Há também, por exemplo, os _____.

2. Leia os versos a seguir, que são de uma música inspirada no céu noturno.

   CHÃO DE ESTRELAS

   [...] A porta do barraco era sem trinco
   Mas a lua, furando o nosso zinco,
   Salpicava de estrelas nosso chão...
   Tu pisavas nos astros distraída [...]

   Sílvio Caldas e Orestes Barbosa. **Chão de estrelas**.
   Rio de Janeiro: Odeon, 1937. Disco de 78 rotações.

   Zinco: chapa usada em cobertura de casas.

   a) O que você entendeu sobre os versos que leu? Compare sua opinião com as de seus colegas.

   b) Em uma folha avulsa, faça um desenho da cena que você imaginou.

SATÉLITES NATURAIS

Os satélites naturais são astros que não têm luz própria e que giram em torno de outro astro maior.

A LUA

A Lua é o satélite natural da Terra. Ela não tem luz própria e é iluminada pelo Sol.

A Lua pode ser vista de formas diferentes no céu. Essas formas se alteram continuamente e são chamadas de fases. Observe três dessas fases a seguir.

Lua cheia.

Lua minguante.

Lua crescente.

ATIVIDADES

1. Faça um X nas características dos satélites naturais.

☐ São iluminados.

☐ Têm luz própria.

☐ Giram em torno de um astro maior.

2. Observe as imagens anteriores da Lua. Que diferença você percebe entre o aspecto da Lua cheia e o da Lua crescente?

_____

_____

LER PARA... CONHECER

A OBSERVAÇÃO DOS ASTROS E A TECNOLOGIA

Alguns instrumentos auxiliam na observação do céu. São aparelhos que contêm lentes. Eles podem ser simples, como binóculos ou lunetas, ou mais sofisticados, como os grandes telescópios. Com o desenvolvimento de novas tecnologias, esses aparelhos estão cada vez mais potentes, formando imagens bem nítidas dos astros.

Lunetas podem ser usadas para visualizar astros.

Existem vários observatórios pelo mundo com potentes telescópios. Este da imagem situa-se em Recife, PE. Fotografia tirada em 2015.

#FICA A DICA

Se em sua cidade não há um planetário, que tal fazer uma visita a um planetário virtual? Peça a um adulto de sua casa que acesse o *link* <http://ftd.li/4zdd44> (acesso em: 18 jul. 2017) e entre em "Passeio virtual". Chame seus irmãos, amigos e pais para participar dessa aventura.

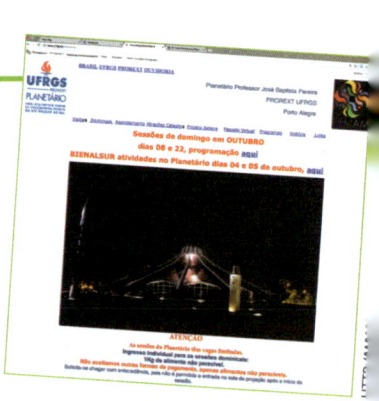

COMO SURGEM O DIA E A NOITE?

 Por que os dias e as noites se alternam?

Parque durante o dia e à noite.

Sabemos que o Sol é o responsável por fornecer a luz que ilumina a Terra e o calor que a aquece. O período em que um local é iluminado pelo Sol é chamado de dia. O período em que a luz do Sol não ilumina o ambiente é chamado de noite.

Os dias e as noites acontecem porque o planeta Terra está em constante movimento.

Um desses movimentos é a rotação, em que a Terra gira em torno de si mesma. A rotação é responsável pela formação do dia e da noite. A Terra leva aproximadamente 24 horas para completar uma volta.

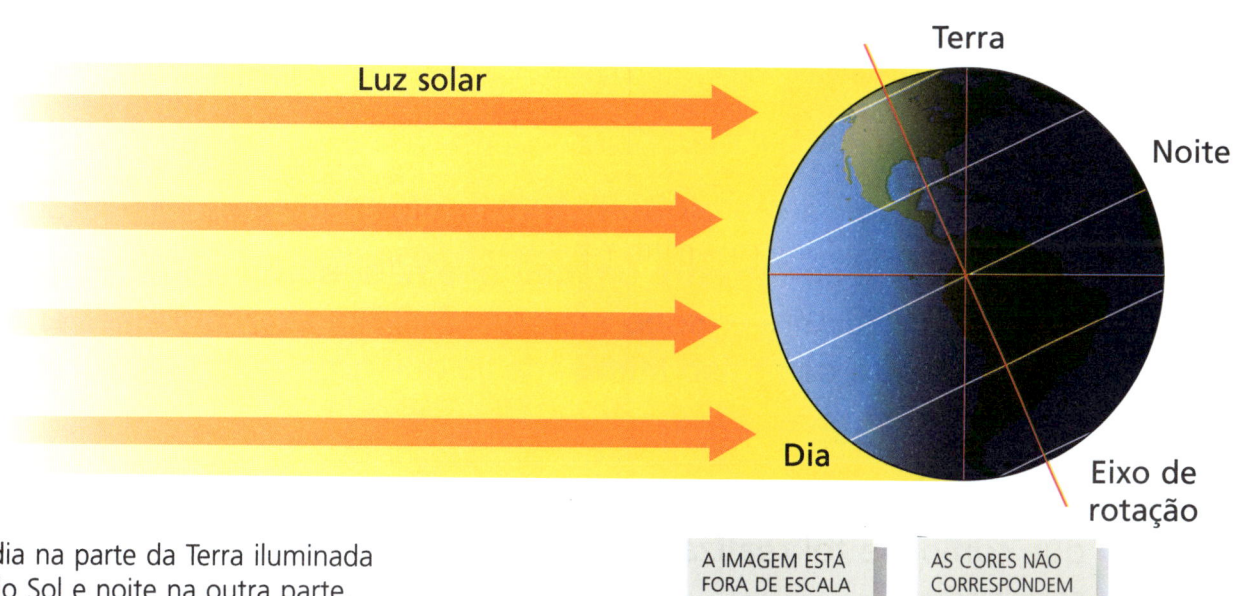

É dia na parte da Terra iluminada pelo Sol e noite na outra parte.

A IMAGEM ESTÁ FORA DE ESCALA DE TAMANHO.

AS CORES NÃO CORRESPONDEM AOS TONS REAIS.

INVESTIGANDO E EXPERIMENTANDO

MODELO DO MOVIMENTO DE ROTAÇÃO DA TERRA

Você e seus colegas vão construir um modelo para compreender melhor o movimento de rotação da Terra e a ocorrência do dia e da noite.

▼ MATERIAL

- Globo terrestre
- Folha de papel
- Tesoura com pontas arredondadas
- Fita adesiva
- Lanterna

▼ COMO FAZER

1. Recorte o papel no formato de um boneco.

2. Com a fita adesiva, cole o boneco sobre o Brasil no globo terrestre.

3. Ligue a lanterna e ilumine o boneco, como mostra a figura. Procure ficar a uma distância em que a metade do globo seja iluminada pela lanterna.

▼ RESULTADOS

- O que a lanterna e o globo terrestre representam nesse modelo?
- Localize no globo terrestre um país que não esteja iluminado quando o Brasil está. Gire o globo até que o país que você escolheu esteja bem no centro da região iluminada. O que acontece com o Brasil?

▼ CONCLUSÕES

- Elabore um relatório do experimento em uma folha avulsa. Explique como ele foi realizado e o que você observou e escreva a sua conclusão.

SERES VIVOS DO DIA E DA NOITE

 Existem animais que têm hábitos noturnos. O que isso significa?

ANIMAIS DE HÁBITOS DIURNOS

As atividades de muitos seres vivos dependem da presença ou não da luz do sol. De acordo com o período em que estão mais ativos, os animais podem ser classificados em diurnos ou noturnos.

Os animais diurnos são mais ativos durante o dia. Eles geralmente se alimentam e se locomovem enquanto há luz no ambiente.

Os macacos-pregos, os camaleões e as borboletas são animais diurnos. Eles realizam diversas atividades durante o dia, como a busca por alimentos.

#FICA A DICA

Meu 1º Larousse dos animais. Larousse do Brasil, 2004.

O livro apresenta diversos animais que vivem em diferentes ambientes do planeta. Você poderá conhecer os nomes, as características e os hábitos de vida de cada animal por meio de histórias e ilustrações muito interessantes.

ANIMAIS DE HÁBITOS NOTURNOS

Os animais noturnos são mais ativos durante a noite e, em alguns casos, possuem a visão mais adequada para enxergar em ambientes escuros. Muitos também têm o olfato e a audição bastante desenvolvidos.

Nem todos os animais de hábitos noturnos dormem durante todo o dia.

1,1 metro

30 centímetros

9 centímetros

Os juparás, as corujas e os morcegos são animais muito ativos durante a noite. As corujas têm audição bastante aguçada, e os morcegos apresentam um sistema próprio de localização, o que lhes permite se orientarem na escuridão da noite.

ATIVIDADE

- O ser humano é um animal de hábitos noturnos ou de hábitos diurnos? Justifique sua resposta.

_____

_____

_____

AS PLANTAS E OS PERÍODOS

As plantas são seres vivos que necessitam da luz do sol para se alimentar e viver. Algumas precisam ficar diretamente expostas ao sol, outras ficam em locais onde há sombra, mas todas precisam receber luz em algum momento.

Algumas plantas abrem suas flores só durante o dia. Outras, somente durante a noite.

Em geral, as plantas que abrem as flores à noite possuem flores brancas, que exalam um perfume intenso. Elas se abrem depois do pôr do sol e se fecham novamente na manhã seguinte.

A dama-da-noite e o jasmim-da-noite têm flores de pétalas claras e perfume intenso, que atraem animais de hábitos noturnos.

ATIVIDADE

- Ligue os pontos numerados e descubra um animal que costuma ser atraído por flores que abrem à noite.

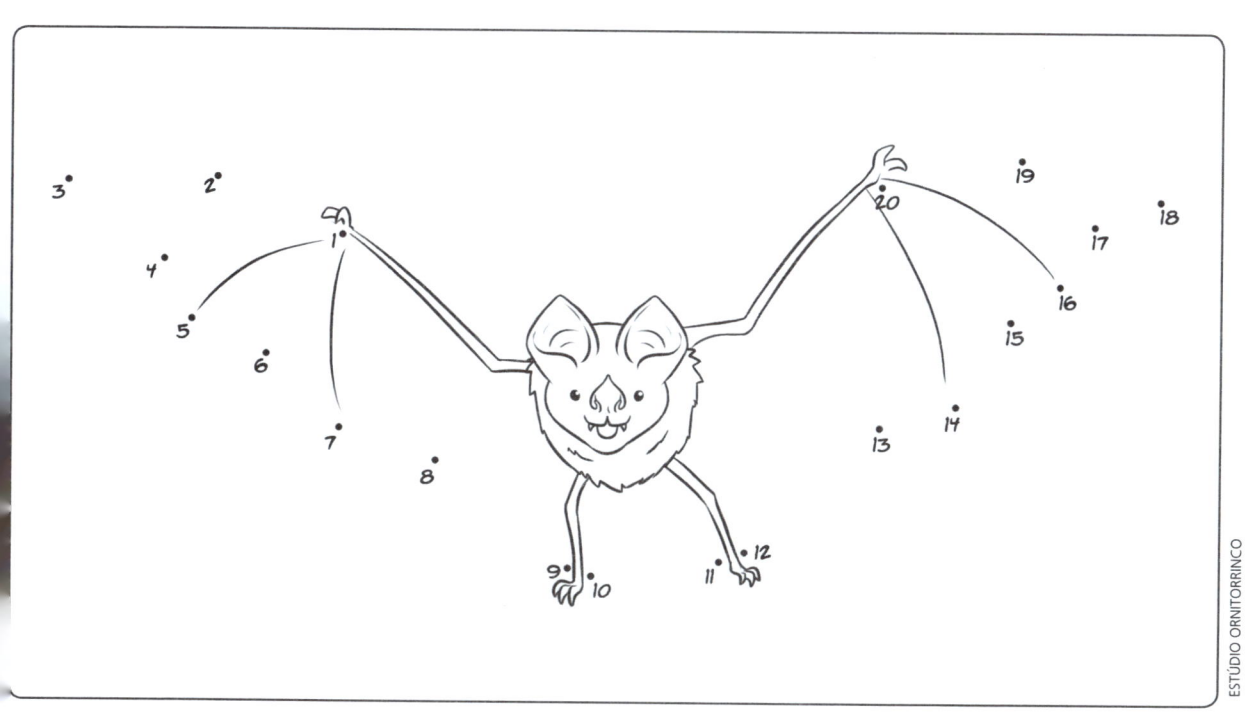

35

UM PASSO A MAIS

1. Estas obras são do pintor holandês Vincent van Gogh. Observe-as e depois responda.

Oliveiras com céu amarelo e Sol, de Vincent van Gogh, 1889. Óleo sobre tela. 73,7 x 92,7 centímetros. Museu de arte moderna de Nova Iorque.

Noite estrelada, de Vincent van Gogh, 1889. Óleo sobre tela. 92,1 x 73,7 centímetros. Museu de arte moderna de Nova Iorque.

a) Que astro está representado no céu da primeira obra? É dia ou noite na pintura?

_____
_____
_____

b) O que há no céu da segunda obra? É dia ou noite na pintura?

_____
_____
_____

2. Observe novamente as obras de Vincent van Gogh e escreva uma frase sobre elas, como se estivesse comentando com um colega sobre uma das obras do pintor.

_____
_____
_____
_____
_____

3. Em uma folha avulsa, faça um desenho que retrate o dia e a noite, tendo como inspiração o céu de sua cidade.

a) Você pode utilizar o mesmo estilo de Vincent van Gogh.

b) Não se esqueça de dar um título à sua obra.

UNIDADE 3
CARACTERÍSTICAS DO SOLO

1. Observe os solos dos locais mostrados nas imagens. O que eles possuem de semelhante? E de diferente?

2. Você acha que esses solos abrigam os mesmos tipos de seres vivos? Explique.

3. Qual desses solos foi mais modificado pelos seres humanos?

Vista da Floresta Amazônica em Alta Floresta, MT, 2014.

Pomar de laranja em Conchal, SP, 2010.

VOCÊ VAI APRENDER SOBRE:
- Como o solo é formado
- Diferenças e semelhanças entre os solos
- Permeabilidade do solo

O QUE É O SOLO?

O QUE VOCÊ TEM PARA CONTAR?

Existem muitos tipos de solo, que podem sofrer modificações. Como é o solo de onde você vive? Você sabe se ele sempre teve esse aspecto?

O solo, chamado comumente de terra, ocupa a maior parte da camada mais superficial do planeta. Ele tem grande importância para os seres vivos, inclusive para os seres humanos.

As características dos solos podem variar. Dependendo do lugar, os solos podem ter composição, aparência e até mesmo cheiro diferentes.

Observe as fotografias a seguir, que mostram os solos de duas paisagens naturais brasileiras.

Solo de manguezal na região da foz do rio Preguiças, em Barreirinhas, MA, 2013.

Solo da caatinga na Lagoa do Puiu, em período de estiagem. Parque Nacional do Catimbau, em Ibimirim, PE, 2014.

ATIVIDADE

- Após observar as fotografias da página anterior, escreva duas características de cada solo.

Solo de manguezal	
Solo da caatinga	

LER PARA... CONHECER

DIA NACIONAL DA CONSERVAÇÃO DO SOLO

Você sabia que no dia **15 de abril** é comemorado oficialmente o Dia Nacional da Conservação do Solo? Você sabia que esta data é instituída por uma lei federal?

Pois é, como sabemos, o solo é extremamente importante para todos, pois é dele que brota a vida de onde indiretamente tiramos os alimentos, nossas roupas, móveis, antibióticos, e muitas outras coisas, é sobre ele que crescem as florestas onde vivem os animais e muitos seres que mantêm o equilíbrio da natureza. Sendo que sem o solo não sobreviveríamos.

10 centímetros

As minhocas vivem no solo, cavando túneis e buracos.

Conservação: conjunto de práticas para manter algo em bom estado.

CARTAZ DO MINISTÉRIO DA AGRICULTURA. GOVERNO FEDERAL

Você acha que o solo leva quanto tempo para se formar? Para formar uns 30 cm de solo pode levar cerca de 3000 anos ou até mais, lógico que isso depende dos fatores de formação do solo. Portanto, não podemos desperdiçar este recurso natural.

Devido a tudo isso, fez-se necessário a criação do Dia Nacional da Conservação do Solo, nesse dia devemos discutir sua importância e perceber sua grandiosa função na natureza, seja na sala de aula, em casa ou em qualquer lugar.

[...]

PROJETO SOLO NA ESCOLA. **Vamos comemorar o Dia Nacional da Conservação do Solo**. Curitiba: Universidade Federal do Paraná, 2004. Disponível em: <http://www.escola.agrarias.ufpr.br/arquivospdf/dia_solo.pdf>. Acesso em: 31 jul. 2017.

1. Você conhece outros animais que vivem no solo, além das minhocas? Escreva.

_____

_____

2. Em que o solo é importante no seu dia a dia?

3. Proponha uma atividade que poderia ser desenvolvida na escola no Dia Nacional da Conservação do Solo.

A FORMAÇÃO DO SOLO

> Será que há milhões de anos o solo desta praia já era como vemos na fotografia?

Praia com rochas em Morro de São Paulo, Cairu, BA, 2016.

Os solos se formam a partir de rochas, em um processo que leva muitos anos para acontecer.

AS CORES NÃO CORRESPONDEM AOS TONS REAIS.

AS IMAGENS ESTÃO FORA DE ESCALA DE TAMANHO.

rocha

Solo em corte, mostrando desde sua camada superficial até a mais profunda, onde se encontra a rocha que o originou.

De um modo geral, a formação dos solos segue as etapas a seguir.

1) Embora as rochas sejam resistentes, ao longo dos anos elas são desgastadas pela ação de fatores, como a água, a chuva, o vento, a variação de temperatura, seres vivos e outros.

2) Nesse processo, minúsculas **partículas** soltam-se das rochas e se acumulam, iniciando a formação do solo.

3) Seres vivos se desenvolvem no solo recém-formado, modificando-o e fazendo parte da sua composição. Com o tempo, a rocha que deu origem ao solo continua a ser desgastada, tornando o solo mais profundo.

> **Partículas:** pedaços muito pequenos.
> **Matéria orgânica:** restos de seres vivos, como animais e plantas.

4) Assim, o solo é composto de partículas da rocha que o formou, **matéria orgânica**, água e ar.

ATIVIDADE

- Numere as imagens, colocando-as na ordem do processo de formação do solo.

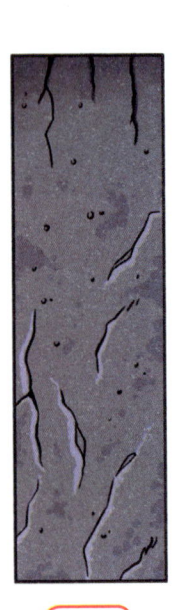

AS CORES NÃO CORRESPONDEM AOS TONS REAIS.

AS IMAGENS ESTÃO FORA DE ESCALA DE TAMANHO.

OFICINA

COLEÇÃO DE ROCHAS

- Você já reparou na **quantidade de rochas** que existe? Elas podem ter várias cores, formatos e tamanhos. Vamos organizar uma coleção?

▼ **MATERIAL**
- Luvas
- Caderno
- Canetas ou lápis
- Lupa

▼ **COMO FAZER**

1 Com um **adulto responsável**, visite um jardim, parque ou ambiente natural próximo à sua casa.

2 Usando luvas, colete rochas de diferentes tipos. Fique atento durante a coleta, para evitar acidentes com animais que possam estar escondidos sob as rochas.

3 Anote onde a rocha foi coletada e as características do local. Se possível, analise a rocha com uma lupa e inclua também essas informações nas anotações.

4 Leve as rochas coletadas para a aula. Compare-as com as de seus colegas.

5 Organize as rochas em grupos, classificando-as de acordo com a forma, a cor ou outro critério escolhido.

6 Monte uma exposição com as rochas. Inclua cartões com informações sobre o local de coleta e as características delas.

A CLASSIFICAÇÃO DOS SOLOS

> O que é analisado para classificar um solo?

Dependendo da composição do material da rocha de origem e da ação exercida pelo clima e pelos organismos sobre esse material, formam-se solos com características diferentes.

Os especialistas em solo são chamados pedólogos. Eles analisam e classificam os solos, com base em diversas características.

Alguns solos são ricos em matéria orgânica; outros não.

Em muitos casos, os agricultores adicionam matéria orgânica ao solo, para melhorar a qualidade do cultivo. Na fotografia, horta em Londrina, PR, 2015.

Outra característica considerada na classificação dos solos é a quantidade de tipo de partículas que os compõe.

De acordo com o tamanho, as partículas do solo são chamadas de areia, argila ou silte:

- areia: maiores partículas do solo, que podem ser vistas a olho nu;
- argila: menores partículas do solo, que só podem ser vistas ao microscópio;
- silte: partículas de tamanho intermediário, entre a argila e a areia.

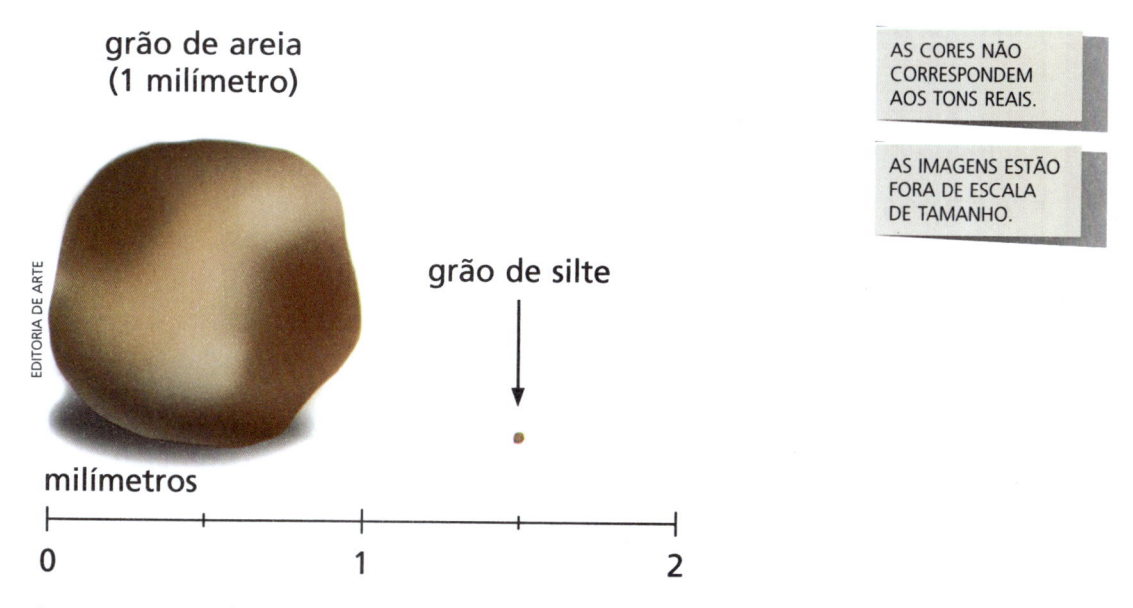

grão de areia (1 milímetro)

AS CORES NÃO CORRESPONDEM AOS TONS REAIS.

AS IMAGENS ESTÃO FORA DE ESCALA DE TAMANHO.

grão de silte

milímetros
0 1 2

Representação de uma partícula de areia e uma partícula de silte, ampliadas. A partícula de argila não é vista nessa escala.

Os solos podem apresentar diferentes quantidades desses três tipos de partícula. Por exemplo, um solo com grande quantidade de areia é classificado como arenoso.

Outras propriedades, como a cor, a consistência, a quantidade de poros etc., também podem ser consideradas na classificação dos solos.

ATIVIDADE

- Pinte o quadradinho com o tipo de partícula do solo que apresenta maior tamanho.

  Silte   Areia   Argila

INVESTIGANDO E EXPERIMENTANDO

POR ONDE A ÁGUA PASSA MAIS RÁPIDO?

A água pode atravessar um solo com maior ou menor facilidade dependendo das partículas que o compõem. Há solos que retêm mais água e outros que a deixam fluir melhor. Nesse experimento, vamos comparar a passagem da água em dois tipos de solo.

▼ MATERIAL

- 2 copos transparentes feitos com a parte de baixo de garrafas PET (as garrafas serão cortadas pelo professor)
- 2 funis de plástico feitos com a parte de cima das garrafas PET
- 2 filtros de papel
- 2 amostras de solo diferentes
- 2 copos com água até a metade
- fita-crepe ou etiquetas

▼ COMO FAZER

1 Coloque um filtro de papel dentro de cada funil.

2 Encaixe um funil em cada um dos copos de garrafa PET.

3 Coloque uma amostra de solo em cada um dos funis.

4 Utilize a tira de fita-crepe ou a etiqueta e identifique cada funil com os números 1 e 2.

5 Despeje, ao mesmo tempo, meio copo de água em cada um dos funis.

6 Com a régua, meça a quantidade de água que foi recolhida em cada copo.

▼ FORMULANDO HIPÓTESES

- Em qual dos funis você acha que a água passará mais rapidamente? Por quê?
- Você acha que haverá diferença entre a aparência da água que passará em cada solo? Que diferença seria?

▼ RESULTADOS

1. Complete o quadro abaixo com os resultados do experimento.

	SOLO 1	SOLO 2
Tempo da filtragem		
Quantidade de água recolhida		
Aparência da água recolhida		

2. O que você observou está de acordo com suas hipóteses?

▼ CONCLUSÕES

- Reveja suas anotações e elabore um texto em uma folha avulsa, que será o relatório do experimento.

PERMEABILIDADE DO SOLO

> Por que, quando chove, são formadas poças de água em algumas estradas de terra?

Dizemos que os solos em que a água atravessa mais rapidamente são muito permeáveis. Sua composição permite que a água os atravesse com facilidade, o que não costuma ser favorável para o desenvolvimento das plantas.

Solos em que a água passa com dificuldade entre suas partículas, sendo retida, são pouco permeáveis. Eles podem impedir que a água e os nutrientes cheguem até as raízes das plantas.

Solos pouco permeáveis acumulam água na superfície. Na fotografia, plantação de soja convencional em Uruçuí, PI, 2017.

Além da permeabilidade, outras características do solo estão envolvidas no desenvolvimento das plantas. Em geral, solos com pouca quantidade de matéria orgânica e solos muito compactados, ou seja, que têm seus componentes muito unidos, não são favoráveis ao crescimento das plantas.

O solo de locais onde pessoas ou outros animais costumam andar torna-se compactado, impedindo o crescimento de plantas. Na fotografia, trilha na Floresta Nacional do Tapajós, em Belterra, PA, 2017.

ATIVIDADES

1. O solo da fotografia é pouco permeável. Depois de uma chuva forte, como você acha que ficaria o solo desse lugar? Explique.

_____

_____

_____

_____

Rodovia BR230 (Transamazônica) na região de Miritituba, em Itaituba, PA, 2017.

2. Qual das figuras mostra um solo mais bem preparado para a plantação?

#FICA A DICA

O solo e a vida, de Rosicler Martins Rodrigues. São Paulo: Moderna, 2013.

Esse livro pode ajudá-lo a aprender um pouco mais sobre a importância do solo para os seres vivos e sobre a necessidade de conservar esse recurso tão importante.

UM PASSO A MAIS

Homem empinando pipa com filhos em praia.

1. Observe a imagem acima e escreva uma frase relacionando-a ao que você aprendeu nesta unidade. Se possível, utilize conhecimentos vistos também nas unidades **1** e **2**.

_____
_____
_____
_____

2. Em uma folha avulsa, faça um desenho mostrando as etapas de formação de um solo.

3. Em geral, não vemos poças de água na areia. Por que isso ocorre?

_____
_____
_____

4. Nesta atividade, há duas histórias. Escolha uma delas e dê continuidade a ela, produzindo um texto cheio de aventuras, em uma folha avulsa.

a) Na praia:

Era domingo de sol. Estávamos todos na praia. A areia queimava os pés daqueles que se aventuravam a andar descalços.

Juca e Mara resolveram se esconder em uma sombra, debaixo de um coqueiro, mas esse refrescante descanso durou pouco tempo. De repente, ao olhar para cima, Juca percebeu que...

b) Na mata:

A trilha pela mata era tranquila. Nada de subidas e descidas radicais. Só se escutava o som das aves e dos nossos passos sobre as folhas e os galhos caídos no solo.

De repente, Lucas, que puxava a fila, parou.
À sua frente, havia...

UNIDADE 4
DIFERENTES USOS DO SOLO

1. Como o solo está sendo utilizado na imagem?

2. Em que outras atividades os seres humanos utilizam o solo?

3. Você já plantou algo? O quê? Conte sua experiência.

VOCÊ VAI APRENDER SOBRE:
- A importância do solo para a vida
- Alguns animais que vivem no solo
- Algumas técnicas agrícolas
- Extração de minérios e petróleo

A IMPORTÂNCIA DO SOLO PARA A VIDA

O QUE VOCÊ TEM PARA CONTAR?

O solo é fundamental para a vida, e os seres humanos o utilizam para diversas finalidades. No entanto, muitas vezes essa utilização é feita sem os devidos cuidados, prejudicando o solo. Qual é a condição de conservação do solo da região onde você vive? Comente sobre a forma como esse solo é usado.

O solo é importante para os seres vivos. Diversos animais vivem sobre ele ou em seu interior, assim como muitos **microrganismos**. As plantas se fixam no solo e retiram dele água e nutrientes.

Os seres humanos utilizam o solo para plantar alimentos, construir moradias e estradas, criar animais, extrair recursos, entre outras atividades.

Microrganismos: seres vivos muito pequenos que só podem ser vistos com o uso de uma lupa ou de um microscópio.

É muito importante conservar os solos, mantendo áreas com cobertura vegetal e evitando atividades que causem prejuízos, como poluição e perda de materiais.

É essencial a manutenção de áreas verdes em grandes centros urbanos. Na fotografia, vista da Praça da República em Belém, PA, 2017.

ALGUNS ANIMAIS QUE VIVEM NO SOLO

Você conhece seres que vivem no interior do solo? Em caso positivo, quais?

Muitas vezes, olhamos para o solo e não imaginamos a quantidade de seres vivos que existem em sua superfície ou em seu interior. Muitos desses seres vivos são animais, como as minhocas, as formigas e os cupins.

Os animais que habitam o solo apresentam variados hábitos alimentares e ciclos de vida.

8 milímetros

10 centímetros

As formigas, as minhocas e as toupeiras vivem no interior do solo, cavando túneis. Nesse processo elas revolvem o solo, facilitando a entrada de ar.

13 centímetros

As minhocas possuem grande importância para a conservação dos solos. Além de aerar o solo, elas se alimentam de restos de animais e plantas, eliminando fezes com nutrientes, que são utilizados pelas plantas.

ATIVIDADES

1. Pesquise na internet ou em livros sobre um animal que vive no solo. Entre outras informações, procure:

- como ele vive;
- do que se alimenta;
- como é o seu corpo;
- como ele se locomove.

Procure imagens e monte um cartaz com as informações coletadas. Apresente-o para o restante da turma.

2. Ajude a formiga a chegar à superfície.

PREPARO DO SOLO PARA O PLANTIO

Todo solo é bom para cultivar plantas?

As plantações são realizadas em solos férteis, ou seja, que contêm características adequadas para as plantas se desenvolverem. Porém, algumas técnicas podem ser aplicadas ao solo, visando melhorar suas condições, para obter maior produtividade. Conheça algumas dessas técnicas.

ARAÇÃO

A aração consiste em remexer o solo, tornando-o menos compactado. Com isso, a entrada de ar e água é facilitada, favorecendo o crescimento das plantas. Um solo, mesmo fértil, é pouco produtivo se estiver compactado.

Trator arando o solo em Mirassol, SP, 2016.

ATIVIDADE

- A aração é uma prática realizada há muito tempo. Antes os arados eram puxados por pessoas ou por animais. Hoje em dia eles geralmente são puxados por um trator. Quais as vantagens da prática atual para o agricultor?

ADUBAÇÃO

Muitos solos são naturalmente deficientes de determinados nutrientes; outros se tornam deficientes após sucessivas colheitas. A adubação consiste em acrescentar ao solo alguns nutrientes importantes para o crescimento das plantas. A adubação correta aumenta a produtividade agrícola.

Os adubos podem ser químicos, produzidos artificialmente em indústrias, ou orgânicos, obtidos da decomposição de restos de plantas ou de fezes de animais.

O lixo orgânico produzido em nossas casas pode ser transformado em adubo orgânico.

Há também uma prática agrícola chamada adubação verde que aumenta a capacidade produtiva do solo. Ela envolve o cultivo de determinadas plantas, geralmente leguminosas, como o feijão, a soja e a ervilha, antes da cultura principal ou ao mesmo tempo que ela. Esse tipo de planta fornece nutrientes para o solo, enriquecendo-o.

Plantas leguminosas usadas como adubo verde em Rondonópolis, MT, 2015.

IRRIGAÇÃO

Irrigar é adicionar água ao solo de forma controlada e uniforme, em quantidade suficiente para suprir as necessidades das plantas.

Processo de irrigação em uma lavoura na zona rural de São Gonçalo do Abaeté, MG, 2014.

DRENAGEM

Nos solos em que a água fica retida, as raízes das plantas ficam em contato direto com a água e podem apodrecer. Para drenar, ou seja, retirar o excesso de água do solo, podem ser escavados longos canais no solo (valas), pelos quais a água é conduzida. Também pode-se adicionar solo para absorver a quantidade de água em excesso ou utilizar bombas de sucção, equipamentos que sugam a água.

Valas em uma plantação comercial de hortaliças em Santa Maria, RS, 2015.

O uso incorreto do solo pode provocar sua degradação. Por exemplo, manter o solo por um longo período sem cobertura vegetal pode provocar a perda de partículas e de matéria orgânica, que são carregadas pela água ou pelo vento. Esse processo é chamado de erosão. O excesso de utilização de adubos químicos também pode prejudicar o solo, contaminando-o. Por isso, é preciso tomar alguns cuidados para conservar o solo agrícola.

ATIVIDADES

1. Leia a história.

Fábio, morador de uma grande cidade, comprou um terreno em uma pequena cidade do interior para plantar verduras. O solo do terreno é bastante fértil, mas, quando chove, fica alagado. Como não sabia o que fazer, consultou um agricultor, morador local.

> MINHAS TERRAS SÃO FÉRTEIS, MAS INFELIZMENTE FICAM ALAGADAS QUANDO CHOVE. O QUE POSSO FAZER?

- Se você fosse o agricultor, que conselho daria a Fábio?

_____

_____

_____

2. Pinte de amarelo o objeto usado para arar o solo e de verde o objeto usado para irrigar o solo.

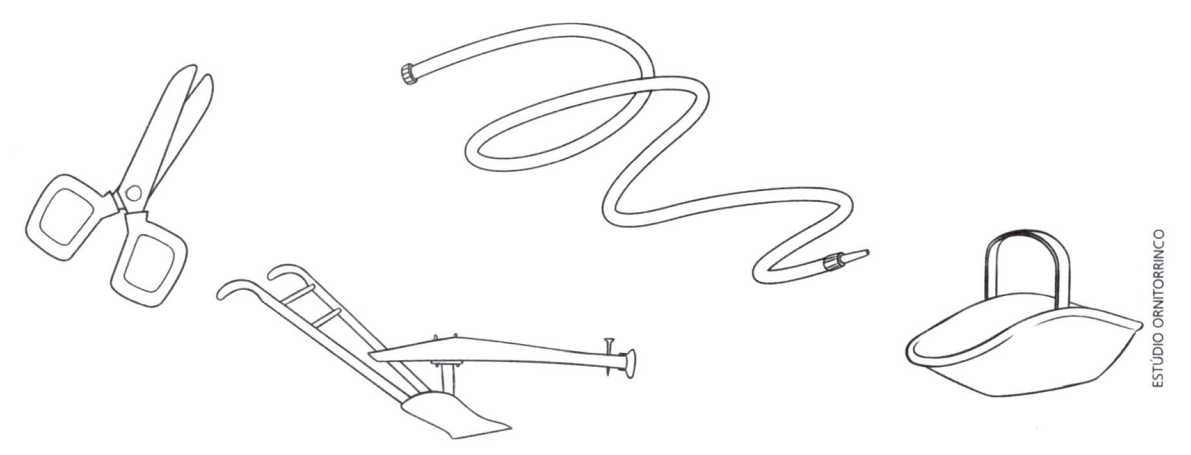

3. O gráfico mostra a quantidade de mudas produzidas em três áreas de um terreno. As áreas tinham o mesmo tamanho, receberam a mesma quantidade de sementes, mas diferiram com relação à adubação:

- Área 1: sem aplicação de adubo.
- Área 2: com aplicação de adubo químico.
- Área 3: com aplicação de adubo orgânico.

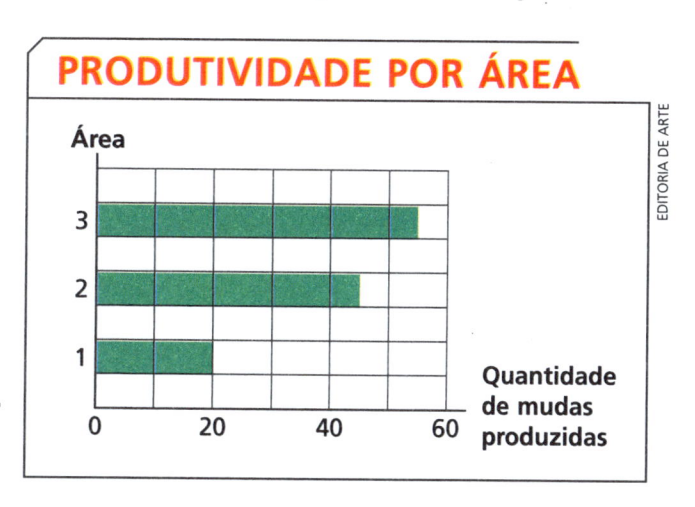

PRODUTIVIDADE POR ÁREA

a) Em qual área a produtividade foi maior? Que tratamento ela recebeu? Quantas mudas foram produzidas?

_____

_____

b) Em qual área a produtividade foi menor? Que tratamento ela recebeu? Quantas mudas foram produzidas?

_____

_____

LER PARA... CONHECER

AGRICULTURA INDÍGENA

Muitas tribos indígenas dominavam sistemas sofisticados de produção que incluíam desde conhecimentos de calendários agrícolas baseados na astrologia, até sistemas de seleção e manejo de solos e diversificação de culturas. [...]

Os indígenas denominam de "roça" ao plantio da maniva (mandioca) e de outros [alimentos] como a macaxeira, o cará, a batata-doce, o tajá e outros. [...]

O modo como alteram a estrutura das roças ao longo do tempo parece seguir um modelo de sucessão natural dos tipos de vegetação da região. Assim, no princípio, cultivam espécies de baixo porte e vida curta (os cha-

Astrologia: estudo da influência dos astros em diversos acontecimentos.
Manejo: trabalho com algo.

Indígena Kalapalo colhendo mandioca na aldeia Aiha, Parque Indígena do Xingu, em Querência, MT, 2011.

mados *pura nu*); a seguir, plantam bananeiras e grande diversidade de árvores frutíferas (os *pura tum*); finalmente, introduzem espécies florestais de grande porte (os *ibê*), como a castanha-do-pará, que legam a netos e bisnetos. Os *pura tum* e os *ibês* são plantados em clareiras naturais ou artificiais, onde os índios concentram materiais orgânicos retirados de áreas vizinhas. [...]

No preparo das roças, os indígenas tinham por princípio convidar os parentes e vizinhos para trabalhos em comum, no sentido do auxílio mútuo. [...]

Raimundo Nonato Brabo Alves. **Características da agricultura indígena e sua influência na produção familiar da Amazônia**. Belém: Embrapa Amazônia Oriental, 2001.

1. Liste a seguir os sete alimentos citados no texto.

_____
_____
_____
_____
_____

2. Você conhece todos esses alimentos? Conte para a turma qual deles você já comeu.

3. O texto fala que os indígenas costumam colaborar com o cultivo de familiares e vizinhos. Você acha importante esse tipo de cooperação? Comente.

4. Compare a exploração do solo na agricultura tradicional indígena e na agricultura moderna.

EXTRAÇÃO DE RECURSOS DO SOLO

> O que mais pode ser retirado do solo?

Você já sabe que o solo é o local onde vivem muitos animais, onde crescem as plantas e é sobre ele que os seres humanos constroem suas moradias. Mas não para por aí. O solo está relacionado à obtenção de outros recursos.

É do solo que retiramos diferentes matérias-primas para a produção de objetos que utilizamos em nosso dia a dia. Por exemplo, o minério de ferro, usado na produção de alguns objetos metálicos, o calcário, utilizado para produzir cimento, e a bauxita, empregada na produção do alumínio, são retirados do solo.

O petróleo é um material líquido, a partir do qual obtemos muitos outros produtos, entre eles a gasolina e o óleo diesel usados para movimentar veículos e máquinas. O petróleo é retirado das camadas mais profundas do solo.

O minério de ferro é retirado do solo e transformado para compor objetos metálicos. Na fotografia, pátio de minério de ferro em Congonhas, MG, 2014.

Bombas de extração de petróleo em Guamaré, RN, 2012.

ATIVIDADE

- O plástico utilizado na fabricação de brinquedos, nas embalagens e em outros objetos pode ser produzido a partir do petróleo.

Veja o esquema a seguir, que mostra o processo de produção do plástico e duas formas de descarte.

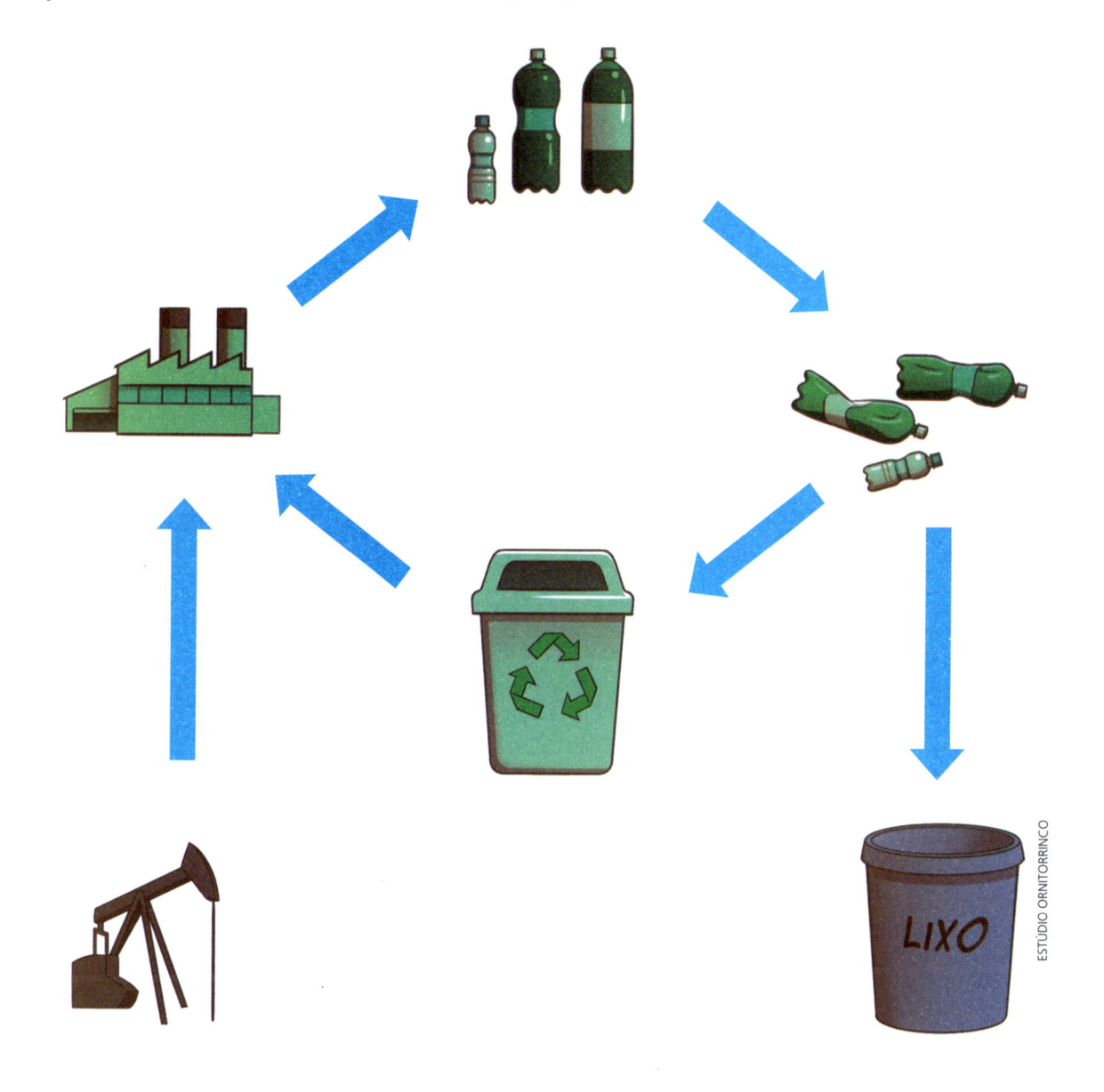

a) Quais etapas estão representadas no esquema?

b) Qual é a forma mais adequada de descarte do plástico? Explique.

c) Reduzir o consumo também contribui para a conservação do ambiente. Explique o motivo de acordo com os dados do esquema.

67

UM PASSO A MAIS

1. A imagem abaixo é uma pintura de milhares de anos atrás, do antigo Egito.

Pintura de um mural em Deir el Medina, no Egito, de cerca de 1 200 a.C.

a) Que técnica agrícola está representada na parte superior da figura?

b) O que está representado na parte inferior da figura?

2. Leia a explicação sobre a transposição do rio São Francisco e veja o mapa, para responder às questões.

> A transposição do rio São Francisco é um projeto que visa direcionar parte das águas do rio para as regiões do Nordeste, onde chove muito pouco.

CURSO ORIGINAL DO RIO SÃO FRANCISCO

Fonte: ATLAS geográfico escolar. 6. ed. Rio de Janeiro: IBGE, 2012.

a) Por quantos estados o rio São Francisco passa? Quais são eles?

_____
_____

b) Como a seca interfere na produção de alimentos?

_____
_____

c) A qual técnica agrícola esse projeto está relacionado?

_____

UNIDADE 5
CONSERVAÇÃO DOS SOLOS

Solo sofrendo erosão pela água na Praia de Cacimbinhas, em Tibau do Sul, RN, 2017.

1. O que está acontecendo ao solo mostrado na imagem? Você já viu algo parecido?
2. Em sua opinião, como a água e os ventos podem afetar os solos?
3. Como a vegetação poderia ajudar a conservar os solos?

VOCÊ VAI APRENDER SOBRE:
- Importância dos solos
- Degradação e destruição dos solos
- Contaminação dos solos
- Conservação dos solos

O SOLO É MUITO IMPORTANTE!

O QUE VOCÊ TEM PARA CONTAR?

Ao passar por uma estrada, você já observou morros que tiveram a vegetação retirada, ficando descobertos? O que pode acontecer com esses locais?

O solo é de grande importância para os seres vivos. Ele é tão importante quanto a água e o ar.

Para manter o solo aproveitável, é preciso cuidar muito bem dele.

Embora o planeta Terra seja grande, há solos que não podem ser utilizados por diversos motivos: por estarem em locais muito íngremes ou em ambientes cobertos de gelo, por serem pouco férteis ou estarem degradados ou contaminados, entre outras causas.

Alguns solos em ambientes muito frios do planeta podem ficar cobertos de gelo o ano todo. Na fotografia, paisagem na ilha de Senja, Noruega, 2015.

Muitos organismos vivem sobre os solos. Os seres humanos, assim como alguns outros animais, constroem suas moradias sobre ele. Muitas plantas também se fixam no solo. Há diversos recursos importantes presentes no solo, os quais levaram centenas, milhares ou até milhões de anos para se formar.

Uma das maiores colônias de formigas-cortadeiras do mundo foi descoberta em solo brasileiro. Na imagem, a impressionante estrutura da colônia, cuidadosamente escavada por pesquisadores, na Unesp de Bauru, 2010.

ATIVIDADE

- Conversem sobre as diversas atividades que os seres humanos podem realizar no solo ou com o solo.

    a) Listem algumas delas no espaço a seguir.

    _____
    _____
    _____
    _____
    _____
    _____
    _____
    _____

    b) Atualizem a lista conforme forem estudando mais sobre o solo nesta unidade.

LER PARA... CONHECER

FORMIGAS AGRICULTORAS

[...]

"As formigas-cortadeiras representam um dos raros grupos de animais que desenvolveram a agricultura", disse à AFP Michael Branstetter, do Museu Nacional de História Natural Smithsonian nos Estados Unidos, coautor do estudo.

Em seus formigueiros, criam campos subterrâneos onde cultivavam [...] [fungos] que formam a maior parte da sua dieta.

[...]

As formigas "agricultoras" são capazes de proteger seus cultivos das doenças, dos parasitas e da seca em uma escala e em um nível de eficácia que rivaliza com a agricultura humana. [...]

[...]

As formigas-cortadeiras carregam, por grandes distâncias, pedaços de folhas para cultivarem no formigueiro fungos dos quais se alimentam.

AGÊNCIA FRANCE PRESSE. Formigas inventaram agricultura para combater a seca antes do homem, diz estudo. **G1**, Rio de Janeiro, 12 abr. 2017. Disponível em: <http://g1.globo.com/natureza/noticia/formigas-inventaram-agricultura-para-combater-a-seca-antes-do-homem-diz-estudo.ghtml>. Acesso em: 1º set. 2017.

1. De acordo com o texto, por que é possível afirmar que as formigas desenvolveram uma atividade semelhante à agricultura humana?

2. Qual é a importância do solo para as formigas?

DEGRADAÇÃO E POLUIÇÃO DO SOLO

> Que consequências a degradação e a poluição do solo provocam nos ambientes?

Nós já estudamos que o solo leva cerca de milhares de anos para se formar. E, em poucas horas, é possível destruí-lo se não formos cuidadosos.

As principais interferências que danificam o solo são a erosão, a queima descontrolada da vegetação, o desmatamento e a poluição.

A erosão causada pela chuva é o principal fator de destruição do solo, pois a água que cai arrasta muitas partículas para outros lugares. O vento também pode provocar erosão.

Quando o solo está desprotegido, sem vegetação, a ação da água e do vento torna-se ainda mais prejudicial, pois atinge o solo com maior intensidade.

Erosão do solo em Sumidouro, no estado do Rio de Janeiro, 2014.

Muitos agricultores, ainda hoje, utilizam a técnica da queimada para a limpeza dos terrenos.

Os incêndios e as queimadas, quando acontecem fora de época e de forma descontrolada, empobrecem o solo, pois queimam os nutrientes e matam os seres vivos que o habitam. Além disso, destroem a camada de vegetação, facilitando a erosão produzida pela água e pelo vento.

O Brasil é um dos países com mais incêndios florestais no mundo, sendo a grande maioria deles resultado da ação humana. Na fotografia, queimada em Oriximiná, PA, 2016.

ATIVIDADE

- Observem o trecho de serra representado na imagem abaixo. Ele foi desmatado e o solo está completamente desprotegido.

a) O que pode acontecer com essa encosta de serra após uma chuva forte?

b) Quais são os riscos para as pessoas que passam por esse trecho da serra?

c) Qual seria uma solução para o problema apresentado?

OS RESÍDUOS E O SOLO

O solo pode ser contaminado por diversos tipos de resíduo, como o lixo doméstico, o lodo de esgoto, os resíduos industriais, os resíduos de mineração, os agrotóxicos, entre outros.

E não é só a superfície que fica contaminada. As águas da irrigação e das chuvas penetram no solo levando os resíduos para as camadas mais profundas, o que contamina os reservatórios subterrâneos de água.

Os resíduos podem ser provenientes de domicílios, indústrias e estabelecimentos comerciais. Além de atrair animais, como ratos e baratas, que oferecem riscos à saúde, podem estar contaminados com os chamados metais pesados, restos provenientes da fabricação dos mais diferentes produtos, que são muito tóxicos para os seres humanos e diversos outros organismos.

Resíduos domésticos poluem o solo se não forem descartados corretamente. Na fotografia, lixo descartado nas margens de rodovia em Ubatã, BA, 2016.

Além da possibilidade de intoxicar os microrganismos, as plantas e os outros animais, os metais pesados podem entrar na cadeia alimentar humana. Esse tipo de resíduo, em altas concentrações ou acumulado ao longo do tempo, pode causar diversos distúrbios aos organismos vivos.

Resíduos tóxicos industriais tratados de forma inadequada contaminam o solo, como esses tambores de óleo abandonados na costa do Ártico, 2012.

O rompimento da barragem de rejeitos de Fundão, da mineradora Samarco, localizada na cidade histórica de Mariana, em Minas Gerais, no ano de 2015, é considerado um dos maiores desastres ambientais da história brasileira.

Ao se romper, essa barragem provocou o lançamento no ambiente de um volume gigantesco de lama tóxica resultante da produção de minério de ferro.

Esse desastre ambiental provocou a morte de 19 pessoas e a destruição de centenas de imóveis e deixou milhares de pessoas desabrigadas. O Rio Doce foi contaminado, impedindo a pesca e o uso da água. O acidente foi tão grave que as águas do rio chegaram contaminadas até sua **foz**, no Espírito Santo.

Foz: ponto de desaguamento de um rio, que pode ser no mar, em uma lagoa ou em outro rio.

Área afetada pelo rompimento de barragem no distrito de Bento Rodrigues, zona rural de Mariana, em Minas Gerais, 2015.

INVESTIGANDO E EXPERIMENTANDO

EROSÃO DO SOLO

Nesse experimento, você vai avaliar a relação entre a cobertura do solo, as chuvas e a erosão.

▼ MATERIAL

- 6 garrafas de plástico de água ou de refrigerante grandes e transparentes
- Tesoura ou estilete, para uso do professor
- Terra
- Sementes de alpiste
- Pequenos galhos, cascas, folhas, raízes mortas
- Água
- Cordão

> **Atenção** Seu professor cortará as garrafas. NÃO use nenhum instrumento cortante.

▼ COMO FAZER

1 Seu professor cortará três garrafas ao meio no sentido do seu comprimento, como mostrado nas ilustrações a seguir.

2 Coloque as garrafas sobre uma superfície plana. Organize o espaço de modo que os gargalos das garrafas ultrapassem os limites da mesa sobre a qual estão fixadas.

3 Coloque a mesma quantidade de terra em cada garrafa e pressione-a para que fique relativamente compactada. Cuide para que a terra fique abaixo do nível do corte feito em cada garrafa.

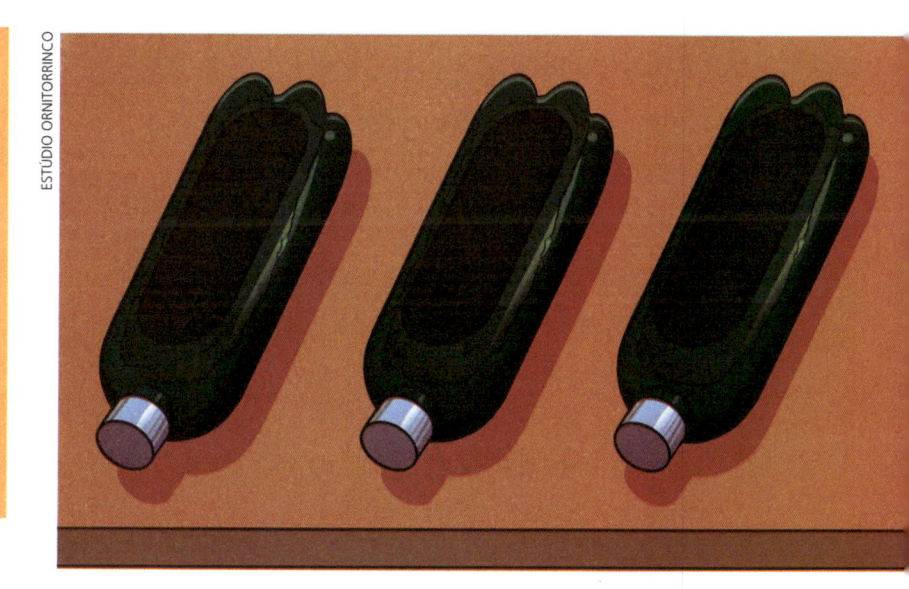

79

4 Seu professor cortará a parte inferior das outras três garrafas, aproximadamente 10 centímetros de fundo, de modo que formem copos.

5 Ele fará dois furos nas laterais de cada copo e você amarrará um cordão em cada um deles para que possam ficar pendurados no gargalo das garrafas. Esses copos serão usados para recolher o excesso de água que vai sair pelo gargalo das garrafas durante o experimento.

6 Na primeira garrafa, plante as sementes de alpiste e, na segunda, coloque os galhos, as cascas, as folhas e as raízes mortas. Na terceira garrafa, deixe apenas a terra.

7 Exponha a garrafa com sementes à luz solar. Vá regando e cuidando para que o alpiste se desenvolva. O experimento só pode ser feito depois do crescimento do alpiste da primeira garrafa.

8 Quando as plantas estiverem desenvolvidas, regue as três garrafas e observe as características da água que escorrerá dentro dos copos transparentes.

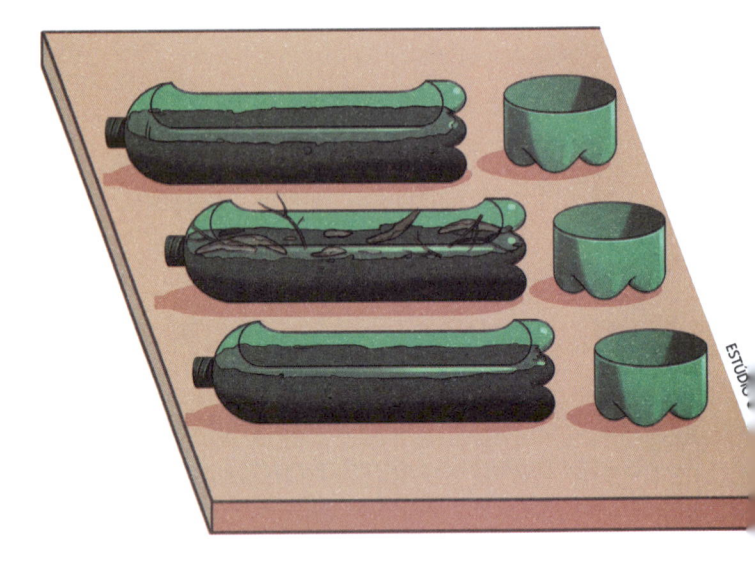

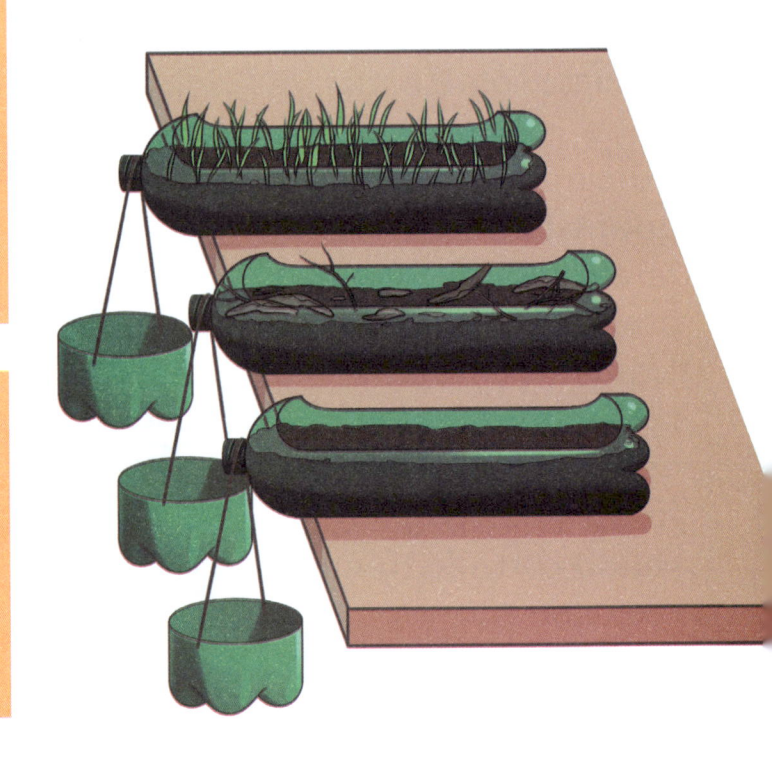

◤ FORMULANDO HIPÓTESES

Registre no caderno o que você imagina que acontecerá quando regar cada uma das garrafas.

- A água que escorrerá de cada uma das garrafas terá as mesmas características? Explique sua resposta.

◤ RESULTADOS

- Desenhe, nos copos, a água que escorreu das garrafas e pinte conforme as características de cada uma.

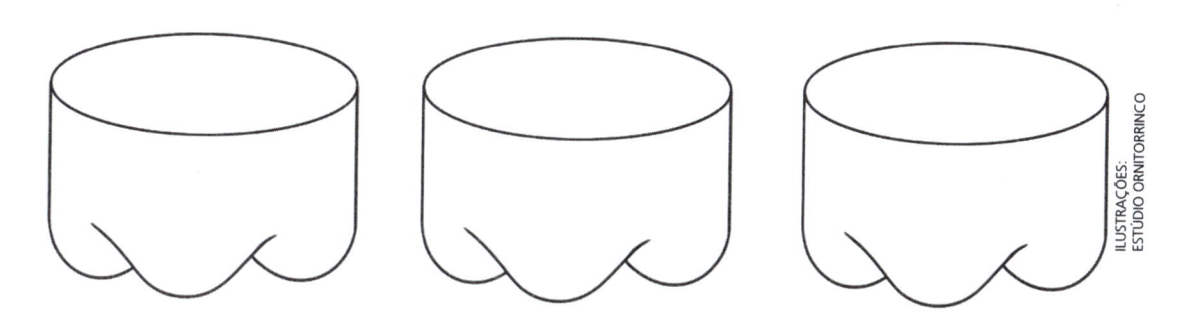

◤ CONCLUSÃO

- Feitas as observações, copie o texto no caderno substituindo cada imagem pela palavra adequada.

O solo da 🪣 garrafa, que estava protegido pelas mudas de alpiste, não sofreu 🪣 quando a água foi jogada. A água saiu 🪣. O solo da 🪣 garrafa, com restos de plantas mortas, também está 🪣, porém 🪣 que o primeiro solo. A água saiu 🪣. O solo da 🪣 garrafa que estava totalmente 🪣 teve uma parte carregada pela 🪣, sofrendo 🪣. A água ficou totalmente 🪣. Esta é uma representação do que acontece quando a 🪣 cai no solo, nessas circunstâncias.

- Reveja suas anotações e elabore, em seu caderno, um texto que será o relatório do seu experimento.

UM PASSO A MAIS

Pôster oficial da celebração do Dia Mundial do Solo de 2016, elaborado pela Organização das Nações Unidas para a Alimentação e a Agricultura.

No dia 5 de dezembro de 2014, comemorou-se pela primeira vez o **Dia Mundial do Solo** como uma forma de chamar a atenção para a importância dos solos e a necessidade de sua conservação.

1. Observe o pôster, leia a legenda e responda.

a) Qual é a frase principal do pôster? Copie-a nas linhas abaixo.

b) Na frase do pôster, qual letra foi substituída por um alimento bastante conhecido? Que alimento é esse?

_____
_____
_____

c) Em sua opinião, como esse pôster destaca a importância do solo?

2. Leiam o texto a seguir sobre a agricultura tradicional e a agricultura orgânica e façam o que se pede.

Na agricultura tradicional, o uso intensivo do solo pode provocar problemas se não forem adotadas medidas de precaução contra a erosão e a contaminação do solo. Os tratores e as máquinas agrícolas, como o arado e a grade, podem causar desagregação e compactação do solo. Isso não permite que a água penetre, deixando-o pobre e ressecado. Além disso, o uso indiscriminado de fertilizantes e agrotóxicos pode contaminar o solo, a água e o ar.

Há, porém, outras formas de cultivar, que conservam o solo, como os métodos utilizados pela agricultura orgânica.

- Procurem informações sobre como são plantados os produtos orgânicos, como é preparado o solo e como é a irrigação.

- Verifiquem se na sua cidade há produtos orgânicos em supermercados, feiras ou mercados.

- Escrevam um texto explicando por que os produtos pesquisados por vocês são considerados orgânicos.

UNIDADE 6
OS SERES HUMANOS E OS OUTROS ANIMAIS

Três gerações de uma família.

1. Que diferenças e semelhanças existem entre as pessoas retratadas?
2. Você se identifica mais com que pessoa da fotografia? Por quê?
3. As características das pessoas mudam com o passar do tempo? Dê exemplos.

VOCÊ VAI APRENDER SOBRE:
- Fases da vida do ser humano
- Reprodução e fases da vida dos outros animais
- Animais que vivem perto de nós
- Hábitos alimentares
- Características externas de alguns animais

FASES DA VIDA DO SER HUMANO

> **O QUE VOCÊ TEM PARA CONTAR?**
>
> Com o tempo, os seres humanos passam por muitas mudanças. Comente algumas mudanças físicas e de comportamento pelas quais você passou desde o seu nascimento.

A mesma pessoa em diferentes fases da vida.

Os seres humanos, assim como todos os seres vivos, têm um ciclo de vida, isto é, apresentam fases comuns de desenvolvimento ao longo de sua existência. Nós nascemos, crescemos, podemos nos reproduzir, envelhecemos e morremos.

A vida humana pode ser dividida em quatro fases principais: infância, adolescência, fase adulta e velhice.

INFÂNCIA

A infância é a fase que tem início no nascimento e vai aproximadamente até os 11 anos de idade. Quando bebês, os seres humanos precisam de muitos cuidados, dormem por muito tempo e necessitam de um adulto que cuide de sua alimentação e de sua higiene pessoal. Embora os bebês ainda não consigam falar, eles se comunicam com as pessoas mais próximas. O choro é uma forma de mostrar suas necessidades, como fome e sede, ou incômodos, como dor e cansaço.

Com o tempo, as crianças vão se desenvolvendo, aprendendo e explorando o mundo que as cerca. Elas aprendem a andar, a falar e a se comunicar melhor com aqueles que estão à sua volta, passando a depender menos dos adultos.

Bebê com cerca de 6 meses de idade.

ADOLESCÊNCIA

A adolescência inicia-se após a infância e ocorre aproximadamente dos 12 aos 18 anos. Esse período é marcado por várias transformações no corpo dos meninos e das meninas, tornando-os mais diferentes. Os adolescentes são mais independentes, mas ainda necessitam de cuidados e proteção dos adultos com quem convivem.

A adolescência é uma fase de muitas mudanças, tanto físicas como comportamentais.

LER PARA... SE INFORMAR

OS 10 DIREITOS DA CRIANÇA

Em 1959, a ONU (Organização das Nações Unidas) aprovou uma declaração com dez direitos das crianças para garantir que elas fossem protegidas – afinal, meninos e meninas merecem viver bem e felizes.

Porém, nem sempre essa combinação é cumprida, em especial nos períodos de guerra. Mas o esforço é do planeta inteiro para que crianças tenham condições de viver em paz, com alimentos, saúde, segurança e acesso à escola.

[...]

1 - Todas as crianças, independentemente de cor, sexo, língua, religião ou opinião, têm os direitos a seguir garantidos.

2 - A criança será protegida e terá desenvolvimento físico, mental, moral, espiritual e social adequados.

3 - Crianças têm direito a nome e nacionalidade.

4 - A criança terá direito a alimentação, recreação e assistência médica.

5 - Crianças deficientes terão tratamento, educação e cuidados especiais.

6 - A criança precisa de amor e compreensão.

7 - A criança terá direito a receber educação, que será gratuita pelo menos no grau primário.

8 - As crianças estarão, em quaisquer circunstâncias, entre os primeiros a receber proteção e socorro.

9 - A criança será protegida contra qualquer crueldade e exploração. Não será permitido que ela trabalhe ou tenha ocupação que prejudique os estudos ou a saúde.

10 - Toda criança terá proteção contra atos de discriminação.

Mônica Rodrigues da Costa. Os 10 Direitos da Criança aprovados pela ONU em 1959. **Folha de S. Paulo**, São Paulo, 24 out. 2015. Folhinha. Disponível em: <http://www1.folha.uol.com.br/asmais/2015/10/1697593-os-10-direitos-da-crianca-aprovados-pela-onu-em-1959.shtml>. Acesso em: 16 ago. 2017.

Discriminação: não aceitação de uma pessoa ou um grupo de pessoas por alguma de suas características, como a cor da pele, o gênero, a idade, a religião etc.

1. Por que é importante que exista uma declaração dos direitos das crianças?

2. Esses direitos são garantidos a todas as crianças? O que você percebe no dia a dia sobre isso?

#FICA A DICA

Malala, a menina que queria ir para a escola, de Adriana Carranca. São Paulo: Companhia das Letrinhas, 2015.

O livro conta a história real de Malala Yousafzai, uma adolescente que lutou pelos direitos de as meninas frequentarem escolas em seu país, o Paquistão.

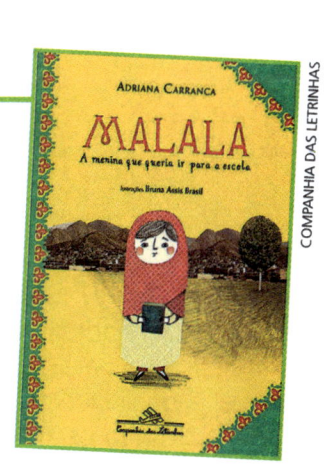

VIDA ADULTA

Com o passar dos anos, os adolescentes tornam-se adultos. Muitos têm filhos e transmitem a eles suas experiências, mas nem por isso deixam de aprender.

Na fase adulta, as pessoas podem ter profissões.

VELHICE

A velhice tem início por volta dos 60 anos. Nessa fase, a pele fica mais enrugada, os ossos tornam-se menos resistentes e a musculatura perde parte da rigidez. Embora aconteçam essas transformações, os idosos podem e devem continuar realizando muitas atividades.

É muito importante que eles sejam respeitados e amparados. Faça a sua parte e valorize o convívio com os idosos; você pode aprender muito com eles.

A prática de atividades físicas contribui para melhorar a qualidade de vida dos idosos.

ATIVIDADES

1. Em uma folha avulsa, desenhe todas as pessoas que moram com você e escreva em que fase da vida elas se encontram. Não se esqueça de se incluir no desenho.

2. Qual é a profissão dos adultos que vivem em sua casa?

___

___

3. A animação **Up: altas aventuras** narra a relação entre um menino de 8 anos e um idoso e mostra como um aprende com o outro.

a) Você convive com pessoas idosas? O que você já aprendeu com elas?

b) Faça uma entrevista com uma pessoa idosa e pergunte o que ela aprende com os mais jovens. Você pode fazer outras perguntas que tiver curiosidade. Anote tudo no caderno e compartilhe essas informações com os colegas.

FASES DA VIDA DE OUTROS ANIMAIS

> Todos os animais passam pelas mesmas fases de vida?

Assim como os seres humanos, os outros animais também passam por fases ao longo da vida. Eles também nascem, crescem, podem se reproduzir e morrem.

Muitos animais, como os cães, apresentam fases semelhantes às dos seres humanos e nascem do corpo da mãe. Outros, como alguns insetos, passam por fases diferentes, como as de larva e pupa, e nascem de ovos.

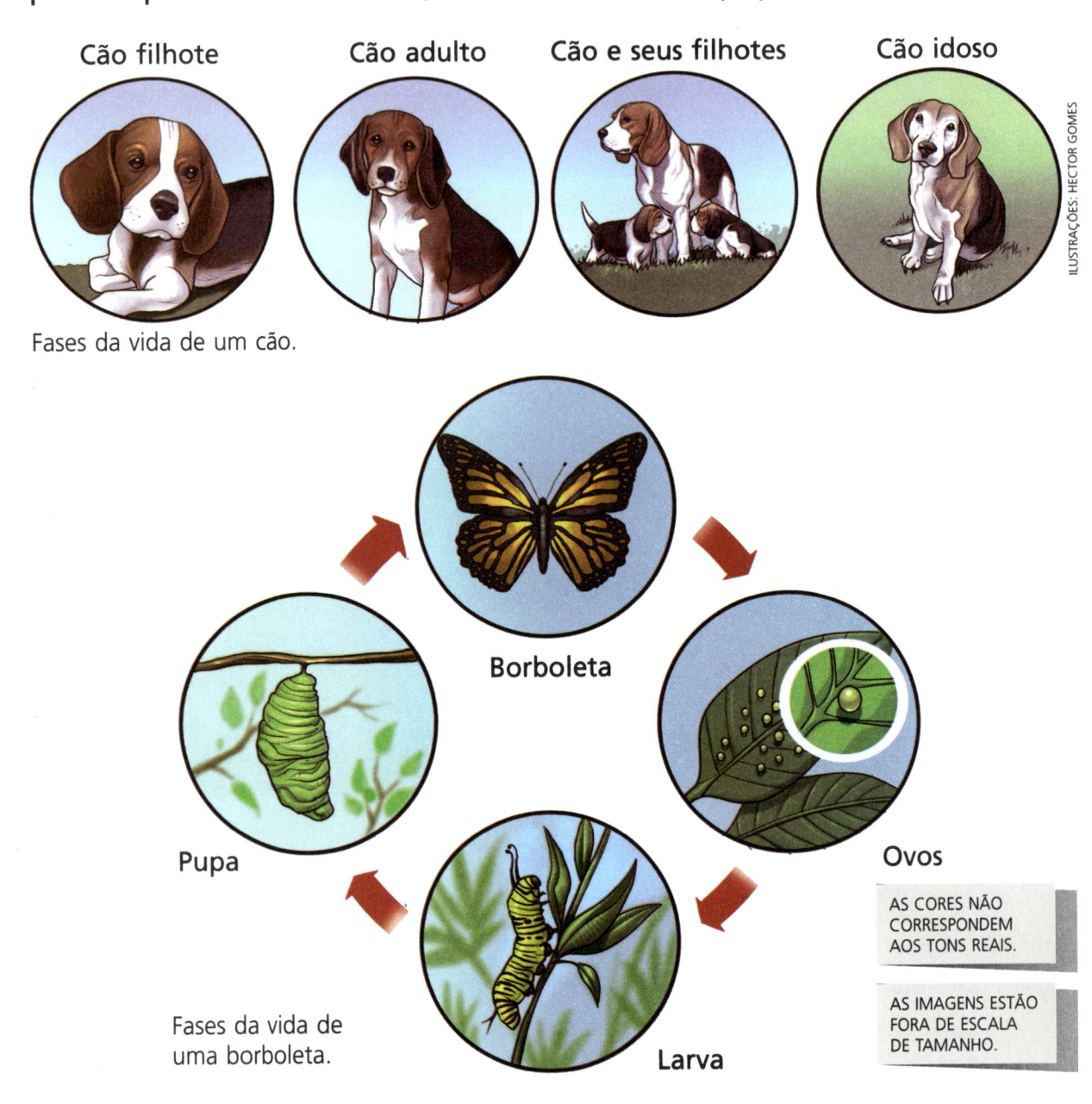

Cão filhote | Cão adulto | Cão e seus filhotes | Cão idoso

ILUSTRAÇÕES: HECTOR GOMES

Fases da vida de um cão.

Borboleta

Pupa

Larva

Ovos

Fases da vida de uma borboleta.

AS CORES NÃO CORRESPONDEM AOS TONS REAIS.

AS IMAGENS ESTÃO FORA DE ESCALA DE TAMANHO.

ATIVIDADES

1. Ligue o animal a seu filhote.

55 centímetros

20 centímetros

2 metros

1,5 centímetro

1,2 metro

20 centímetros

15 centímetros

10 centímetros

2,5 metros

1 centímetro

2. Qual é o filhote que mais se modificou ao se tornar adulto?

ALGUMAS CARACTERÍSTICAS DOS ANIMAIS

> Todos os animais têm pernas e andam?

Os animais habitam os mais diversos ambientes e podem ser agrupados conforme algumas de suas características.

LOCOMOÇÃO

Os animais se locomovem para buscar alimentos, para se reproduzir, para procurar abrigo, para se proteger de outros animais, entre outros motivos.

Cada animal se locomove de acordo com as características de seu corpo e do ambiente em que vive. Eles podem nadar, saltar, rastejar e voar, por exemplo.

4 centímetros

A rã se locomove saltando.

1 metro

A serpente não tem pernas e se locomove rastejando.

50 centímetros

Os peixes são animais aquáticos e se deslocam nadando.

15 centímetros

O beija-flor, assim como a maioria das aves, voa.

ALIMENTAÇÃO

Os animais são bem diferentes entre si e têm diversas formas de conseguir seus alimentos.

Os animais carnívoros apresentam variadas características relacionadas à captura de presas. Por exemplo, onças, gatos domésticos e leões utilizam suas garras para capturar o alimento. Algumas aves carnívoras, como as corujas e os gaviões, utilizam, além das garras, os bicos fortes. Tubarões, cães e onças usam seus dentes afiados e os polvos usam seus tentáculos.

Coruja com uma presa no bico e garras afiadas.

Polvo, com longos tentáculos, no fundo do mar.

Os animais herbívoros apresentam características relacionadas a esse tipo de alimentação. Por exemplo, os papagaios usam o bico para quebrar sementes, grãos e frutos. As ovelhas usam sua língua para procurar e selecionar seu alimento.

Papagaio usando o bico para se alimentar.

Ovelha selecionando alimentos com a língua.

COBERTURA DO CORPO

A cobertura do corpo também varia entre os animais e tem muitas funções. Por exemplo, pode proteger contra impactos, auxiliar na locomoção, manter a temperatura do corpo e dificultar o ataque de inimigos.

Os mamíferos, isto é, os animais que mamam, como os seres humanos, têm pelos, estruturas em forma de fios que saem da pele.

As penas são encontradas exclusivamente nas aves. Elas são fundamentais para o voo.

O sagui é um mamífero e tem o corpo coberto por pelos.

A arara é uma ave e tem o corpo coberto por penas.

Peixes, como os tubarões e as sardinhas, e répteis, como as serpentes e os lagartos, geralmente apresentam o corpo revestido por escamas, que são estruturas mais rígidas.

A serpente é um réptil e tem o corpo coberto por escamas, assim como o peixe.

ATIVIDADE

- Observe estes animais.

1,2 metro

4 metros

3 metros

60 centímetros

2 metros

a) Você conhece esses animais? Escreva o nome deles abaixo das fotografias.

b) Identifique quais animais nadam (1), andam (2), rastejam (3) ou voam (4), preenchendo os quadradinhos com os números.

c) Discutam quais desses animais apresentam escamas, penas, pelos, bico, garras e dentes afiados.

97

UM PASSO A MAIS

1. Observe esta imagem. Ela é um registro de povos que viveram há milhares de anos.

Muitas pinturas antigas feitas em cavernas e rochas ao ar livre mostram cenas de caça.

a) Em sua opinião, o que esta imagem mostra sobre a relação dos seres humanos com os animais?

b) Que características você imagina que os animais representados tinham?

c) Em qual fase da vida você imagina que os seres humanos representados na imagem devem estar? Por quê?

2. Relacione as características do boxe a cada animal.

> pelos   bico   anda   quatro pernas   asas
> penas   voa   dentes   garras

30 centímetros

55 centímetros

AS CORES NÃO CORRESPONDEM AOS TONS REAIS.

AS IMAGENS ESTÃO FORA DE ESCALA DE TAMANHO.

UNIDADE 7
GERMINAÇÃO DAS SEMENTES

1. As castanhas-do-brasil correspondem a que parte da planta?
2. Você já comeu castanhas-do-brasil? Que outras sementes você já comeu?
3. Qual é a relação entre as castanhas e as árvores, como as das fotos?

5 centímetros

Castanhas-do-brasil, também chamadas de castanhas-do-pará.

Árvore da castanha-do-brasil na Floresta Amazônica, em Acará, PA, 2013.

50 metros

VOCÊ VAI APRENDER SOBRE:
- Germinação das sementes
- Dispersão das sementes
- Reprodução sem sementes

GERMINAÇÃO DAS SEMENTES

O QUE VOCÊ TEM PARA CONTAR?

Você já plantou uma semente? Que cuidados precisam ser tomados para que ela se desenvolva em uma planta?

As plantas são compostas de raízes, caules e folhas e algumas podem formar flores, frutos e sementes. As sementes são estruturas importantes para a reprodução das plantas, pois, em condições adequadas, elas se desenvolvem e originam uma nova planta. Esse processo é conhecido como germinação. Algumas plantas produzem sementes no interior de frutos. Outras não produzem frutos, mas produzem sementes.

As mangas têm em seu interior uma única semente grande.

15 centímetros

Os pinhões são sementes que não são envolvidas por frutos.

5 centímetros

Para que ocorra a germinação, são necessários alguns fatores, como água, ar, temperatura e luminosidade adequadas.

ÁGUA

A ausência de água faz com que a semente permaneça em um estado estável em que a germinação não ocorre. Em contato com a água, a casca que protege a semente pode se romper, permitindo que a semente se desenvolva em uma nova planta.

Ao plantar sementes em um vaso, é muito importante colocar água.

AR

Sem ar, a semente não consegue produzir a energia necessária para originar as estruturas da nova planta. O rompimento da casca da semente, após o contato com a água, possibilita a entrada de ar; com isso se desenvolvem a raiz e, depois, o caule e as folhas.

TEMPERATURA

A temperatura adequada para germinação varia de semente para semente. Enquanto algumas precisam de temperatura baixa, outras necessitam de temperaturas altas. Normalmente, existe uma temperatura ideal para a germinação de cada semente. Essa temperatura está relacionada à região e à época do ano em que ela germina naturalmente. Esse é um dos fatores que fazem com que algumas plantas só se desenvolvam em determinados lugares do mundo.

LUZ

Para germinar, algumas sementes necessitam da presença de luz, enquanto outras necessitam da ausência de luz. Há ainda sementes em que a germinação independe desse fator. Porém, a luz é fundamental no desenvolvimento da planta.

ATIVIDADES

1. Pedro colocou alguns feijões sobre um pedaço de algodão úmido dentro de um pote de vidro e observou-os diariamente. Após alguns dias, notou o aparecimento de uma pequena planta.

   a) Como a planta surgiu?

   b) O que aconteceria se Pedro colocasse os feijões em um algodão seco? Por quê?

2. Um agricultor plantou algumas sementes de uma mesma planta, todas nas mesmas condições, variando apenas a temperatura em que elas foram deixadas. A tabela mostra os resultados que ele obteve.

QUANTIDADE DE SEMENTES PLANTADAS	TEMPERATURA	QUANTIDADE DE PLANTAS QUE GERMINARAM
20	15 °C	0
20	20 °C	5
20	25 °C	20
20	30 °C	9

• Qual temperatura é a mais adequada para a germinação dessas sementes?

LER PARA... CONHECER

AS SEMENTES QUE VIERAM DO CÉU

Os povos indígenas valorizam muito as sementes das plantas da região onde vivem. Leia, a seguir, uma lenda do povo indígena Krahô, que atualmente habita o Tocantins, sobre o surgimento das sementes.

Segundo a cultura do povo Krahô, as sementes das inúmeras espécies alimentares que conhecemos hoje foram trazidas ao mundo por uma estrela chamada *Catxêkwy*. Transformada em uma rã, a estrela desceu ao pátio central da aldeia Krahô onde, ao relento, dormia um jovem *mehim* (que [...] significa "índio"). A estrela então transformou-se em uma bonita mulher, casou-se com o *mehim* e deu a ele sementes de milho, mandioca, batata-doce, inhame e outros alimentos. [...]

Enquanto esteve na Terra, *Catxêkwy* escondia-se dentro de uma cabaça – a mesma utilizada até hoje pelos indígenas para guardar suas sementes. Ela teve que voltar ao céu quando sua presença na aldeia foi descoberta pelos outros *mehim*, mas deixou para os Krahô as sementes e os conhecimentos sobre como utilizá-las. [...]

[...]

Cabaça: casca do fruto de forma oval, que é utilizada como recipiente.

Sementes do povo Krahô separadas em cabaças.

Flavia Londres e outros. **As sementes tradicionais dos Krahô**: uma experiência de integração das estratégias *on farm* e *ex situ* de conservação de recursos genéticos. Rio de Janeiro: AS-PTA, 2014. Disponível em: <http://aspta.org.br/wp-content/uploads/2014/05/Caderno-ANA-Sementes-2014-KRAHO.pdf>. Acesso em: 25 ago. 2017.

1. Faça um desenho que represente a lenda contada no texto.

2. Que conhecimentos sobre o uso das sementes você imagina que Catxêkwy passou para o povo Krahô?

3. Os povos indígenas utilizam sementes para outras finalidades além da produção de alimentos. Vejam a foto. Vocês conhecem outros exemplos? Pesquisem e conversem sobre o que descobriram.

Colares indígenas de sementes da Amazônia.

OFICINA

COLEÇÃO DE SEMENTES

Existem sementes de muitas formas e cores. Que tal fazer uma coleção de sementes?

Muitas sementes estão presentes no nosso dia a dia e são utilizadas na alimentação, como o feijão e a ervilha, ou podem ser retiradas dos frutos que consumimos.

Sementes diversas.

▼ COMO FAZER

1. Com a ajuda de um adulto, separe algumas sementes que encontrar em sua casa e leve-as para a sala de aula. Caso retire as sementes de frutos, deixe-as ao sol para secarem adequadamente.

2. Cole as sementes em um papel ou cartolina, anotando seus nomes ou os nomes dos frutos de que foram retiradas.

3. Pesquise sobre as plantas que originaram cada semente. Desenhe-as e anote informações como o seu tamanho e outras que achar interessante.

4. Apresente a sua coleção para o restante da turma.

1. Na sua coleção, há vários tipos de sementes? Em que elas se diferenciam?

2. De qual semente você mais gostou? Por quê?

3. A sua coleção está muito diferente das de seus colegas?

DISPERSÃO DAS SEMENTES

> 💬 Se as plantas não se locomovem, como elas podem ocupar locais diferentes?

O transporte de sementes para locais distantes da planta que as originou é chamado dispersão. Ele pode ocorrer por diversos fatores, como vento, água, ação de animais ou por características do próprio fruto.

A simples agitação dos ramos de uma planta pelo vento ou por animais, como aves e macacos, é suficiente para fazer com que frutos e sementes caiam no solo e encontrem um ambiente favorável para germinar.

Muitos animais também promovem a dispersão de sementes ao se alimentar. Em alguns casos, eles consomem os frutos com as sementes. Porém, as sementes não são digeridas, sendo eliminadas com as fezes em locais distantes da planta-mãe, onde podem germinar. Outros animais transportam frutos e sementes para consumi-los em locais distantes da planta-mãe, promovendo a dispersão.

O fruto da planta pata-de-vaca se abre bruscamente e arremessa as sementes a alguns metros de distância da planta-mãe.

Os frutos do dente-de-leão se dispersam pelo vento.

A cutia tem o hábito de enterrar frutos e sementes, para consumi-los depois.

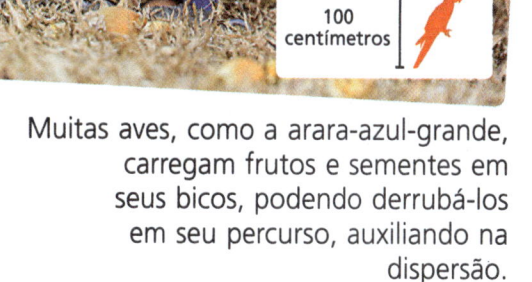

50 centímetros

100 centímetros

Muitas aves, como a arara-azul-grande, carregam frutos e sementes em seus bicos, podendo derrubá-los em seu percurso, auxiliando na dispersão.

Alguns tipos de frutos, como o carrapicho da foto, podem ficar grudados nos pelos dos animais ou até nas roupas dos seres humanos e, assim, ser transportados para locais distantes.

ATIVIDADE

- A sâmara é um fruto seco que apresenta o formato de asa. Discuta como você acha que deve ocorrer a sua dispersão.

7 centímetros

Sâmara.

REPRODUÇÃO SEM SEMENTES

Todas as plantas produzem sementes?

Algumas plantas não produzem sementes e sua dispersão ocorre de outras formas. Por exemplo, as samambaias em fase reprodutiva apresentam pequenos pontos escuros na parte inferior das suas folhas. Esses pontos contêm esporos, que são pequenas estruturas reprodutivas. Ao cair no solo, os esporos podem formar novas plantas.

É importante salientar que os esporos não são pequenas sementes, como muitas pessoas imaginam.

Folhas de samambaia.

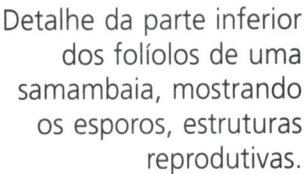

60 centímetros

Detalhe da parte inferior dos folíolos de uma samambaia, mostrando os esporos, estruturas reprodutivas.

Mesmo algumas plantas que produzem sementes podem também se reproduzir sem a participação dessas estruturas. Essa propriedade é muito utilizada pelos seres humanos no cultivo de determinadas plantas. Na técnica de estaquia, por exemplo, pequenas partes (estacas), como folhas, ramos e caules, são retiradas das plantas e plantadas em um meio adequado. Nesse meio, as estacas desenvolvem raízes, originando assim uma nova planta. Essa é uma forma alternativa de se cultivarem plantas ornamentais ou mesmo frutíferas, uma vez que algumas sementes exigem condições muito particulares para germinar.

A batata é um exemplo de caule subterrâneo que pode se multiplicar sem a utilização de sementes. Os agricultores deixam algumas batatas em um lugar seco e iluminado para que elas desenvolvam pequenos brotos. A batata que já tiver um broto poderá então ser enterrada para se obter uma nova planta.

Mudas de hortênsia formadas por estaquia.

A batata é um exemplo de caule subterrâneo que pode originar novas plantas.

ATIVIDADES

1. Escreva as partes da planta que podem ser usadas na estaquia.

_____

2. Ao comprar batata, é recomendado guardá-la em um lugar escuro e frio. Qual é o motivo dessa recomendação?

_____
_____

UM PASSO A MAIS

1. Observe esta imagem.

Mural da cidade de Tepoztlan, no México, composto por mais de 60 tipos de sementes.

a) Por que as sementes do mural não formam novas plantas?

_____
_____
_____

b) Que características das sementes possibilitam sua utilização em obras de arte?

_____
_____
_____

c) Esse mural é refeito todos os anos por novos artistas e tem o objetivo de valorizar as sementes da região. Por que é importante utilizar sementes da própria região?

_____
_____
_____

2. Observe a foto de uma folha de violeta.

4 centímetros

a) Esse preparo serve para que técnica?

_____

b) O que se formou no talo da folha?

_____

113

UNIDADE 8
LUZ

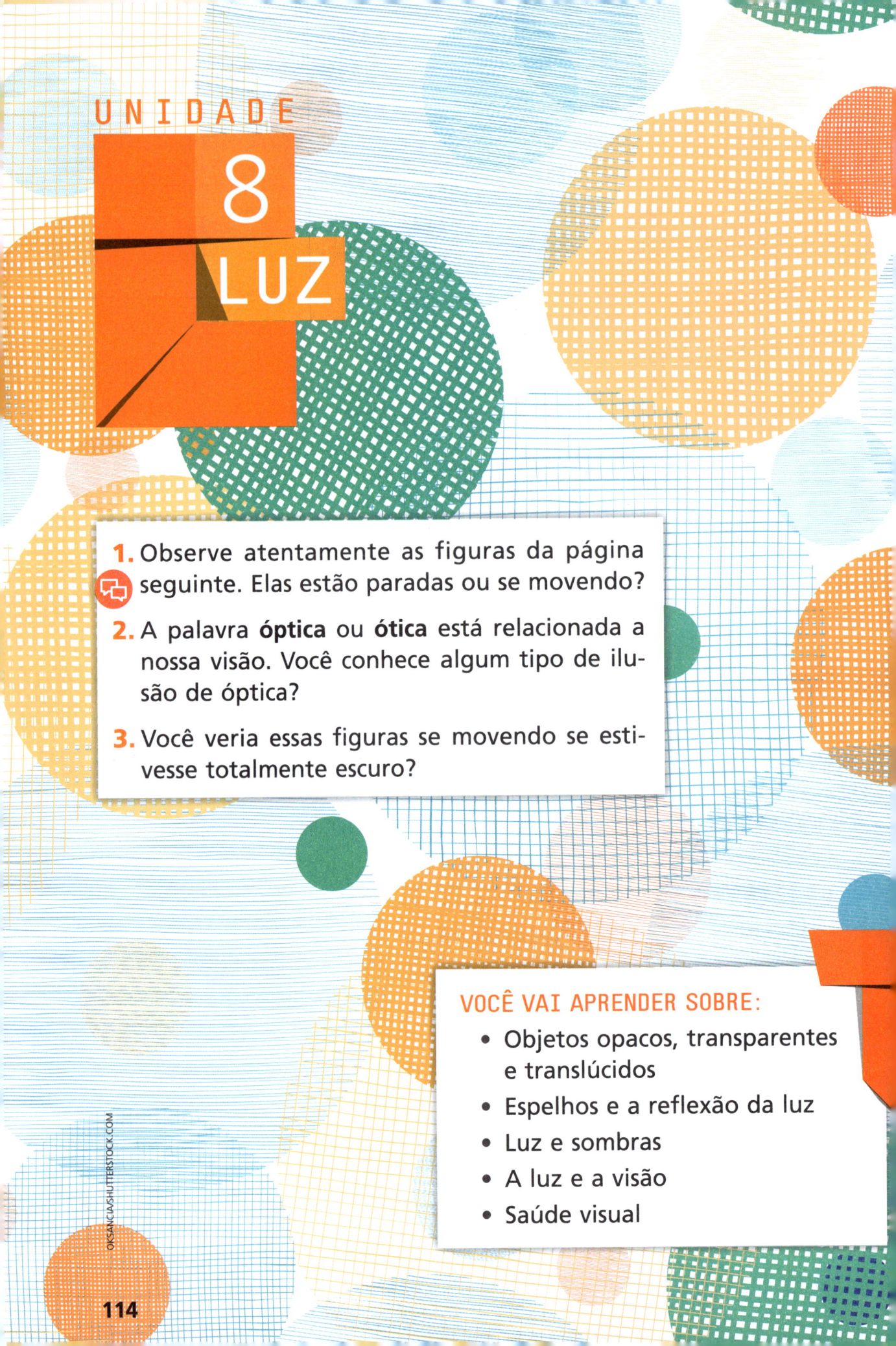

1. Observe atentamente as figuras da página seguinte. Elas estão paradas ou se movendo?

2. A palavra **óptica** ou **ótica** está relacionada a nossa visão. Você conhece algum tipo de ilusão de óptica?

3. Você veria essas figuras se movendo se estivesse totalmente escuro?

VOCÊ VAI APRENDER SOBRE:
- Objetos opacos, transparentes e translúcidos
- Espelhos e a reflexão da luz
- Luz e sombras
- A luz e a visão
- Saúde visual

Ilusão de ótica em que os círculos parecem estar em movimento.

A LUZ E OS OBJETOS

O QUE VOCÊ TEM PARA CONTAR?

No dia a dia, como podemos enxergar os objetos que nos rodeiam? Fale um pouco sobre suas experiências.

A visão é um de nossos sentidos. Para vermos, a luz precisa chegar até nossos olhos, depois de atingir um objeto.

ATIVIDADES

1. Discuta as questões a seguir.

   a) Você já foi enganado pela imagem de um espelho achando que ela era real?

   b) Você já reparou como sua imagem fica quando é refletida na parte de fora de uma colher bem polida? E na parte de dentro?

   c) Você já viu alguém ou algum animal bater em uma porta de vidro porque não percebeu que ela estava fechada?

2. Nesta fotografia, é possível identificar com certeza quais são as crianças reais e quais são as imagens refletidas? Assinale.

   ☐ Sim   ☐ Não

Crianças em sala com espelhos.

3. Por que há duas imagens da casa na fotografia abaixo?

Casa à beira de um rio, com a sua imagem refletida na água, em Tefé, AM, 2016.

OBJETOS OPACOS, TRANSPARENTES E TRANSLÚCIDOS

Quando a luz atinge um objeto, podem ocorrer, basicamente, três coisas:
- Ela é absorvida pelo objeto.
- Ela atravessa o objeto.
- Ela é refletida pelo objeto.

OBJETOS OPACOS

Quando a luz é absorvida por um objeto, não sendo capaz de atravessá-lo, dizemos que ele é opaco. Por exemplo, a luz não atravessa um tijolo, um tronco de árvore ou uma máscara de dormir.

Muitas pessoas dormem com máscara de dormir para evitar ser incomodadas pela luz.

OBJETOS TRANSPARENTES

Quando a luz passa por um objeto em uma trajetória bem definida, isto é, quando ela atravessa o objeto e nos permite ver uma imagem através dele, dizemos que ele é transparente.

O papel celofane, certos tipos de vidro e até meios como a água e o ar puros podem ser considerados transparentes.

OBJETOS TRANSLÚCIDOS

Alguns objetos não são totalmente opacos, nem totalmente transparentes, deixando passar um pouco de luz, mas alterando sua trajetória. Dizemos, nesse caso, que o objeto é translúcido.

O papel-manteiga e alguns tipos de vidro e de plástico são exemplos de objetos translúcidos.

ESPELHOS E A REFLEXÃO DA LUZ

Um objeto que tem sua superfície bem lisa, como a superfície da água parada ou um metal polido, reflete quase toda a luz que o atinge. É por isso que os espelhos são geralmente formados por camadas de metal e de vidro.

Nos espelhos planos, é produzida uma imagem idêntica ao objeto, mas invertida.

ATIVIDADES

1. Marque com um **X** a figura que mostra um objeto opaco.

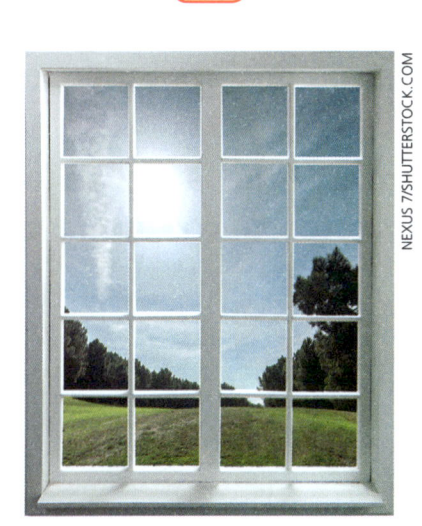

☐   ☐   ☐

Copo com água.   Janela de vidro.   Muro de tijolos.

2. Complete as frases abaixo corretamente.

a) Nossa pele é um exemplo de meio _____, pois a luz não consegue atravessá-la.

b) Enxergamos o que está a nossa frente porque o ar é um exemplo de meio _____.

3. Por que não enxergamos nitidamente através do vidro da fotografia ao lado?

_____

_____

_____

_____

119

LUZ E SOMBRAS

> Como as sombras se formam?

Como é bom em um dia de muito calor nos sentarmos embaixo de uma grande árvore, não é mesmo? Além do frescor e conforto que a sombra nos proporciona, podemos aprender muito sobre a luz observando as sombras.

As sombras se formam porque a luz se propaga em linha reta. Quando a luz atinge um objeto opaco, forma uma sombra atrás dele.

LER PARA... SE DIVERTIR

TEATRO DE SOMBRAS

[...]

O teatro de sombras é uma arte milenar do Oriente e conseguiu encantar encenadores do mundo inteiro. É uma linguagem que integra o campo do teatro de animação, em que estão inseridos marionetes, bonecos, objetos e máscaras. Suas técnicas são relativamente simples: através de uma tela branca onde um foco de luz se acende, sombras de silhuetas de figuras humanas, animais, ou objetos, recortadas em papel, são projetadas em conjunto, ou isoladas nos remetendo a um mundo particular, poético e mágico de histórias, do faz de conta.

[...]

Teatro de sombras.

Max Diniz Cruzeiro. **Teatro de sombras:** história e características. LenderBook, 2006. Disponível em: <http://www.lenderbook.com/sombras/index.asp>. Acesso em: 26 ago. 2017.

A LUZ E A VISÃO

> Por que não enxergamos no escuro?

As imagens do começo desta unidade mostraram que nossa visão pode nos enganar. Várias coisas podem acontecer com a luz que chega até nossos olhos ou com a forma como a luz é interpretada pelo cérebro, distorcendo a percepção dos objetos.

O lápis da figura parece quebrado. Isso acontece porque a luz, ao sair da água e entrar no ar, sofre um desvio, mudando de direção.

COMO ENXERGAMOS

Se você entra em um ambiente escuro, não consegue enxergar muitas coisas, não é?

Agora, se você está em um ambiente completamente escuro, mas tem uma lanterna na mão, ao acendê-la você consegue enxergar parte dos objetos, mas somente o que está iluminado. Para enxergar os demais objetos do ambiente, você precisará movimentar a lanterna para iluminá-los.

Logo, para que possamos enxergar, é necessário que haja luz e que a luz entre em nossos olhos, que são os órgãos responsáveis pela visão.

A luz entra em nossos olhos através da pupila, que é uma abertura no centro da íris.

córnea: camada transparente que recobre a íris.

pupila: abertura no centro da íris.

íris: parte colorida dos olhos que regula a quantidade de luz que entra pela pupila.

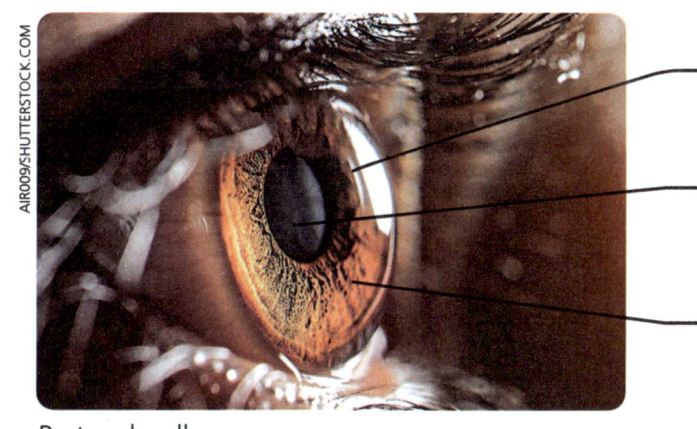

Partes do olho.

A maioria dos animais apresenta olhos, que são capazes de detectar a luz refletida dos objetos. Essa informação luminosa do ambiente captada pelos olhos é transmitida para o cérebro, onde é interpretada.

Os felinos, as aves, os répteis e os seres humanos são alguns dos muitos exemplos de organismos que captam luz por meio dos olhos.

ATIVIDADE

- Ligue as imagens da pupila em diferentes luminosidades com as explicações corretas.

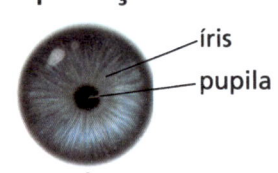

Luz forte.

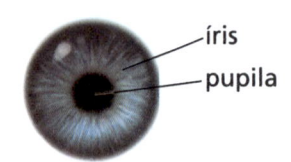

A pupila se dilata permitindo a entrada de mais luz pelo olho.

Luz normal.

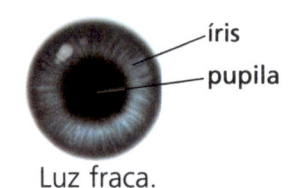

A pupila se contrai evitando a entrada de luz em excesso pelo olho.

Luz fraca.

A pupila se mantém normal, pois a luminosidade é adequada.

INVESTIGANDO E EXPERIMENTANDO

CAMPO DE VISÃO

Se você olhar apenas para a frente, também poderá ver o que está ao lado, em cima e embaixo. O limite de espaço que é visto pelos olhos é denominado campo de visão. Você quer conhecer seu campo de visão? Para isso, acompanhe os passos a seguir.

COMO FAZER

1. Estique os braços para a frente e levante o dedo indicador de cada mão.

2. Mantenha os dedos indicadores levantados e, olhando para a frente, em um ponto fixo, abra os braços e os afaste até o ponto em que você começa a deixar de ver seus dedos. Volte um pouco até conseguir ver seus dedos novamente.

3. Recomece o teste. Mantendo seu olhar à frente, em um ponto fixo, erga um braço e abaixe o outro.

1. Até onde você pode abrir seus braços sem deixar de ver os dedos?
2. Em qual dos testes você conseguiu abrir mais os braços?

SAÚDE VISUAL

> Você sabe como cuidar da saúde dos seus olhos?

Os olhos são órgãos muito **sensíveis e delicados**. Nunca introduza nada neles, nem os toque com **as mãos sujas**. Irritações e infecções podem ser causadas por agentes agressores presentes em nossas mãos.

Além disso, a poluição do ar e o excesso de luz podem trazer problemas aos olhos. Ficar muito **tempo exposto às telas de computadores**, *tablets* **e celulares pode ser prejudicial**, pois resseca bastante os olhos. É importante fazer pausas e relaxar os olhos, abrindo-os e fechando-os lentamente.

LER PARA... SE INFORMAR

PARA CONVIVER MELHOR COM PESSOAS COM DEFICIÊNCIA VISUAL

[...]

- Ao andar com uma pessoa cega, deixe que ela segure seu braço. Não a empurre: pelo movimento de seu corpo, ela saberá o que fazer; [...]
- Se ela estiver sozinha, IDENTIFIQUE-SE SEMPRE ao se aproximar dela. [...]
- Ao orientá-la, dê direções do modo mais claro possível. Diga DIREITA ou ESQUERDA, de acordo com o caminho que ela necessite. [...]
- NÃO EVITE as palavras "ver" e "cego": use-as sem receio;
- Ao afastar-se da pessoa cega, AVISE-A PARA QUE ELA NÃO FIQUE FALANDO SOZINHA.

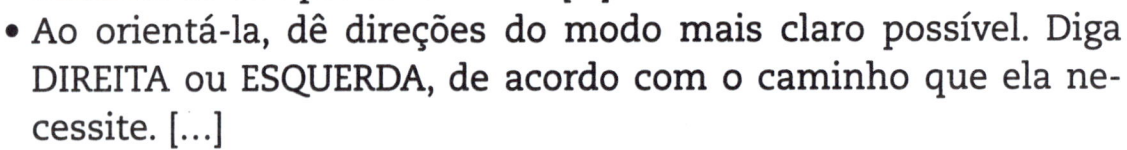

Corredor cego corre maratona com um guia no Rio de Janeiro, RJ, 2012.

FUNDAÇÃO DORINA NOWILL PARA CEGOS. **O que fazer quando encontrar uma pessoa cega?** Disponível em: <https://www.fundacaodorina.org.br/a-fundacao/deficiencia-visual/o-que-fazer-quando-encontrar-uma-pessoa-cega/>. Acesso em: 8 set. 2017.

AVANÇOS DA CIÊNCIA

TECNOLOGIAS E AS DEFICIÊNCIAS VISUAIS

Um acessório muito usado pelos deficientes visuais para se locomover é a bengala. Prática de carregar e leve, ela acusa a presença de obstáculos e evita, ao máximo, as colisões indesejadas. Não consegue, porém, identificar o que toca, uma mesa, uma cadeira ou outra pessoa, por exemplo.

Tentando resolver esse problema, pesquisadores [...] criaram um sistema de orientação que permite ao usuário andar em um ambiente interno sem usar a bengala. Pendurada no pescoço do deficiente visual, uma **câmera 3D** sonda a região à frente dele, identificando obstáculos e o quão distantes estão. O usuário é, então, orientado sobre qual direção deve se locomover por meio de **vibrações** emitidas por um cinto. No acessório, também fica presa uma **tela em braile** que ajuda no processo de locomoção. [...]

A bengala é um dos recursos usados pelas pessoas com deficiência visual para auxiliar sua locomoção. Outros recursos são o cão-guia e o guia-humano.

Victor Correia. Sistema permite que deficientes visuais andem sem usar bengalas. *Correio Braziliense*, Brasília, DF, 19 jun. 2017. Disponível em: <http://www.correiobraziliense.com.br/app/noticia/tecnologia/2017/06/19/interna_tecnologia,603263/sistema-permite-que-deficientes-visuais-andem-sem-usar-bengala.shtml>. Acesso em: 8 set. 2017.

1. Em sua opinião, como o sistema de orientação do texto poderia melhorar a locomoção das pessoas com deficiência visual?

2. As palavras em destaque dizem respeito a outras tecnologias necessárias para a produção do sistema de orientação mencionado. O que você conhece sobre elas?

UM PASSO A MAIS

Exemplos de códigos de barra.

1. Você já viu códigos de barra como os mostrados na figura acima? Liste diferentes produtos ou locais onde eles são encontrados.

_____
_____
_____

2. Leia o texto e responda às questões.

A ciência e a tecnologia deram um importante avanço na aplicação da luz em diversas áreas, como a produção de um tipo especial de luz, o *laser*.

O *laser* possui muitas aplicações importantes: na medicina é usado para realizar cirurgias nos olhos e em outros órgãos; na eletrônica, em CDs, DVDs e vários outros equipamentos; nas telecomunicações em transmissões de dados de telefonia, TV e internet.

126

a) Você conhece algum outro uso para o *laser*?

b) Você sabe como é feita a leitura dos códigos de barra mostrados na página anterior? Pesquise se necessário.

3. Vamos fazer um cartaz chamando a atenção para os cuidados com os olhos?

- Observem o exemplo abaixo de uma campanha de prevenção à conjuntivite, doença muito comum que afeta os olhos.

- Pensem nos cuidados que vocês querem destacar e nas imagens que podem acompanhar os textos.

Cartaz de campanha de prevenção à conjuntivite.

UNIDADE 9
SOM

1. Você sabe o que é uma orquestra sinfônica?

2. Observe a imagem e cite alguns exemplos de instrumentos utilizados em uma orquestra.

3. Você conhece outras formações musicais diferentes da orquestra?

Orquestra Sinfônica Real de Liverpool, Reino Unido, 2017.

VOCÊ VAI APRENDER SOBRE:

- Sons naturais e sons produzidos pelo ser humano
- Os sons dos instrumentos
- A voz
- A audição e o som
- Deficiências auditivas
- Saúde auditiva

UM MUNDO DE SONS

O QUE VOCÊ TEM PARA CONTAR?

Observe estas imagens. Você consegue identificar quais sons são naturais e quais são produzidos pelo ser humano?

Ondas do mar em praia no Rio de Janeiro, RJ, 2017.

Máquinas em obras em Foz do Iguaçu, PR, 2015.

Onça-pintada rugindo.

Congestionamento em São Paulo, SP, 2013.

ATIVIDADE

- Desenhe em uma folha avulsa uma cena que retrata o som natural de que você mais gosta.

O SOM DOS INSTRUMENTOS

Você sabe identificar instrumentos de corda, instrumentos de sopro e instrumentos de percussão?

Os instrumentos de corda têm como princípio a vibração de cordas para produzir sons.

Alguns instrumentos de corda são: violão, violino, harpa, violoncelo e guitarra.

Nos instrumentos de sopro, o som é produzido pela vibração de uma coluna de ar, que é soprada por quem toca.

Alguns instrumentos de sopro são: saxofone, tuba, clarinete, trompa e trompete.

Nos instrumentos de percussão, o som é obtido por meio de percussão, batidas, raspagem, agitação com a mão ou com baquetas, em objetos diversos.

A bateria, o xilofone, os tambores, as castanholas, o afoxé e os maracás são instrumentos de percussão.

LER PARA... CONHECER

O PIANO

O piano é um instrumento de cordas que também é classificado por alguns pesquisadores como instrumento de percussão, já que o som é produzido quando as peças de madeira batem nas cordas.

As cordas ficam esticadas e presas em uma estrutura de madeira ou metal. As teclas brancas e pretas do piano comandam os martelos que tocam essas cordas.

Visão interna de um piano mostrando as cordas e os martelos.

ATIVIDADES

1. Tente se imaginar tocando um violão. Escreva como esse instrumento produz som.

_____
_____
_____
_____

2. Com uma tesoura de pontas arredondadas, corte três canudinhos de refresco, cada um com um tamanho, e assopre-os. Como sai o som em cada um deles?

_____
_____

3. Conte o que você sabe sobre algum instrumento musical.

OFICINA

PRODUZINDO SONS

São muitas as maneiras de se produzir sons. Será que você consegue produzir sons com objetos diversos?

▼ MATERIAL

- Trazer para a aula diversos objetos que podem produzir sons: garrafas PET, pedrinhas, copos plásticos, colheres, areia, latinhas de alumínio, chocalho, balde, saquinhos de papel, entre outros materiais e objetos.

▼ COMO FAZER

1. Juntem os materiais e objetos que todos trouxeram.
2. Experimentem fazer sons com todos os materiais e objetos do grupo.
3. Inventem uma história utilizando esses sons. Pode ser uma comédia, um suspense ou uma aventura.
4. Apresente-a para a turma.

A VOZ

> Você conhece sons produzidos pelos animais? Cite alguns deles. Além dos seres humanos, algum outro animal é capaz de se comunicar pela fala?

Os seres humanos são capazes de falar, cantar, rir, chorar, ou seja, podem se expressar por meio de sons. Algumas estruturas, como os pulmões, a laringe, as pregas vocais, a língua, a boca, o nariz e os dentes, são essenciais nesse processo.

As pregas vocais são duas membranas localizadas na laringe. Quando o ar sai dos nossos pulmões e passa pela laringe e pelas pregas vocais, conseguimos emitir sons, que são modificados pelos movimentos da língua e da boca.

As pregas vocais variam de pessoa para pessoa e também ao longo da vida. Essa é uma das razões por que as vozes podem ser tão diferentes.

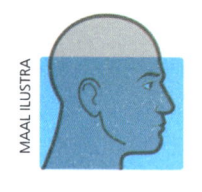

Ilustração em corte da cabeça humana mostrando a localização da boca, da laringe, da traqueia, da língua e das pregas vocais.

- língua
- pregas vocais
- laringe
- traqueia

Ilustração produzida com base em: Gerard J. Tortora e Bryan H. Derrickson. **Principles of anatomy and physiology**. 13. ed. Hoboken: Wiley, 2012. p. 921.

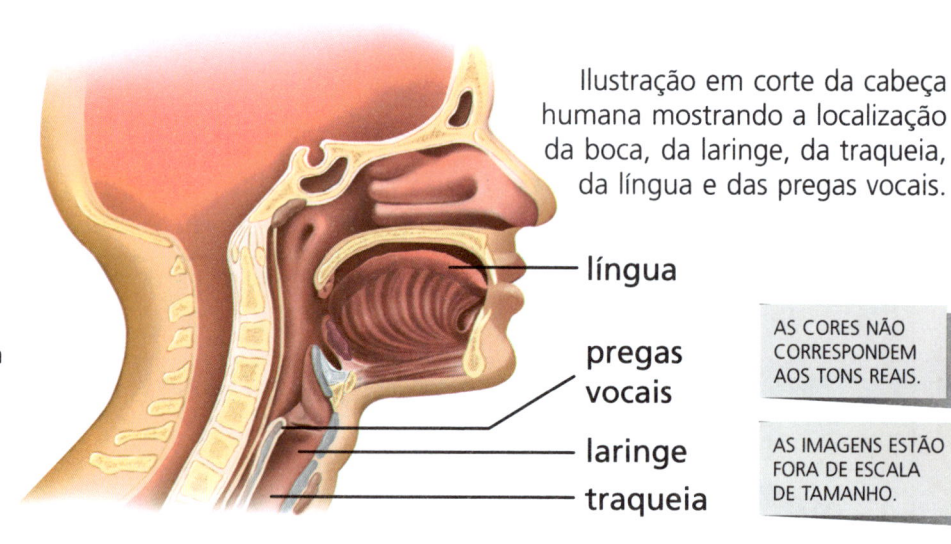

AS CORES NÃO CORRESPONDEM AOS TONS REAIS.

AS IMAGENS ESTÃO FORA DE ESCALA DE TAMANHO.

#FICA A DICA

Soltando o som, de Michele Iacocca e Carolina Michelini. São Paulo: Moderna, 2015.

O livro desperta a consciência sonora das crianças, seja mostrando como os antigos povos lidavam com os sons e a simbologia da música, seja tratando do surgimento dos instrumentos, das composições musicais e dos grandes compositores, como Beethoven e Mozart.

INVESTIGANDO E EXPERIMENTANDO

OBJETOS QUE VIBRAM

Você já viu objetos vibrarem em locais onde o som está muito alto? O experimento a seguir mostrará como isso acontece.

◤ MATERIAL

- Assadeira de metal
- Pote de vidro sem tampa
- Elástico
- Saco plástico fino
- Água
- Corante
- Colher de pau
- Colher pequena
- Copo
- Bolinhas de isopor

◤ COMO FAZER

1 Feche o pote de vidro com um pedaço do saco plástico e o elástico.

2 Deixe o plástico bem esticado.

3 No copo, misture o corante com a água.

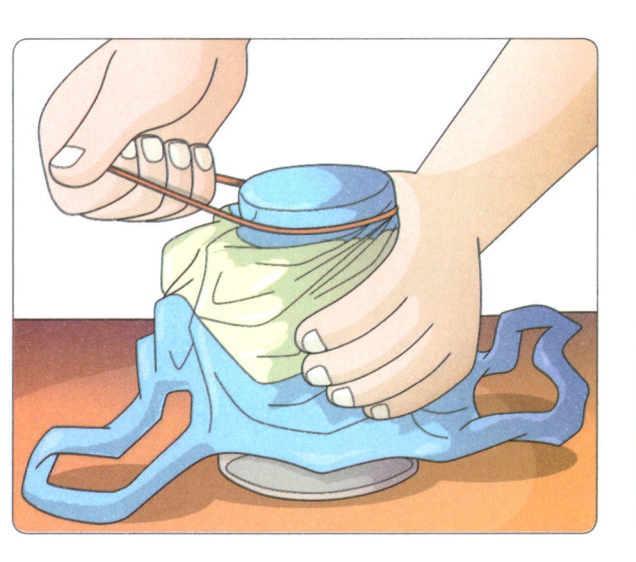

135

4 Com a colher pequena, coloque um pouco da água colorida em cima do plástico, tomando cuidado para não derramá-la.

5 Segure a assadeira de metal perto do pote.

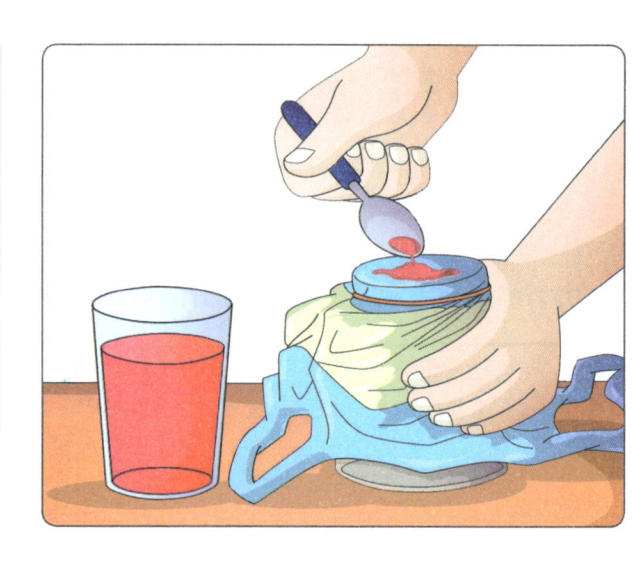

▼ FORMULANDO HIPÓTESES

- O que você acha que acontecerá quando bater na assadeira de metal com a colher de pau, provocando um som alto?

_____

_____

_____

▼ RESULTADOS

1. Bata na assadeira com a colher de pau e observe.

2. Em seguida, coloque as bolinhas de isopor sobre a água colorida e observe novamente.

- O que aconteceu nos dois casos?

CONCLUSÃO

- Preencha o texto a seguir com as palavras que descrevem corretamente o que ocorreu no experimento.

As bolinhas de isopor se _____ por causa do _____ produzido pela colher de pau ao bater na assadeira de metal. Isso aconteceu porque o som, ao **propagar-se**, transmite uma **vibração** que passa pelo ar até chegar à _____ colocada sobre o plástico. Quanto mais forte for o barulho, _____ será a vibração.

> **Propagar-se**: espalhar-se; movimentar-se; expandir-se.
> **Vibração**: balanço; oscilação.

A AUDIÇÃO E O SOM

> Como você sabe que há um carro passando na rua, mesmo sem vê-lo?

As orelhas são os órgãos responsáveis pela audição. Seu formato ajuda a captar sons do ambiente.

Internamente, a orelha contém várias estruturas responsáveis pela audição; algumas delas vibram com a passagem do som. Essas vibrações chegam às partes mais internas da orelha e estimulam um nervo, que encaminha as informações sonoras ao cérebro.

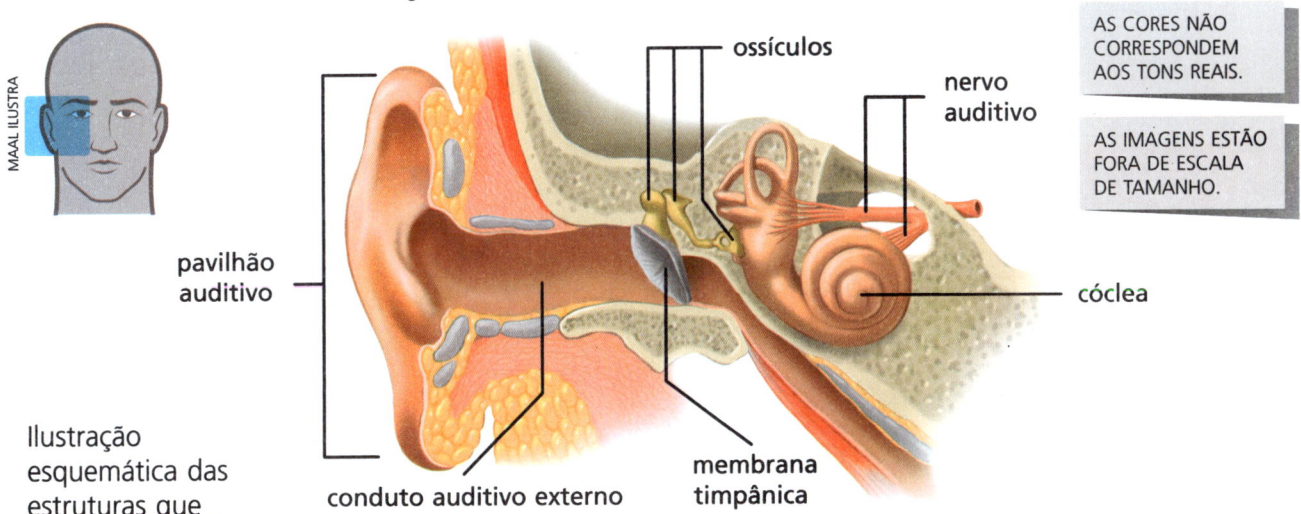

AS CORES NÃO CORRESPONDEM AOS TONS REAIS.

AS IMAGENS ESTÃO FORA DE ESCALA DE TAMANHO.

Estruturas indicadas: pavilhão auditivo, conduto auditivo externo, membrana timpânica, ossículos, nervo auditivo, cóclea.

Ilustração esquemática das estruturas que compõem a orelha humana.

Ilustração produzida com base em: Gerard J. Tortora e Bryan H. Derrickson. **Principles of anatomy and physiology**. 13. ed. Hoboken: Wiley, 2012. p. 658.

DEFICIÊNCIAS AUDITIVAS

Como as pessoas com deficiência auditiva se comunicam?

As pessoas surdas ou com deficiência auditiva podem se comunicar utilizando gestos ou acompanhando o movimento dos lábios de outras pessoas enquanto elas estão falando.

A seguir, veja o alfabeto da Língua Brasileira de Sinais (Libras) que é utilizado pelas pessoas com deficiência auditiva para se comunicar.

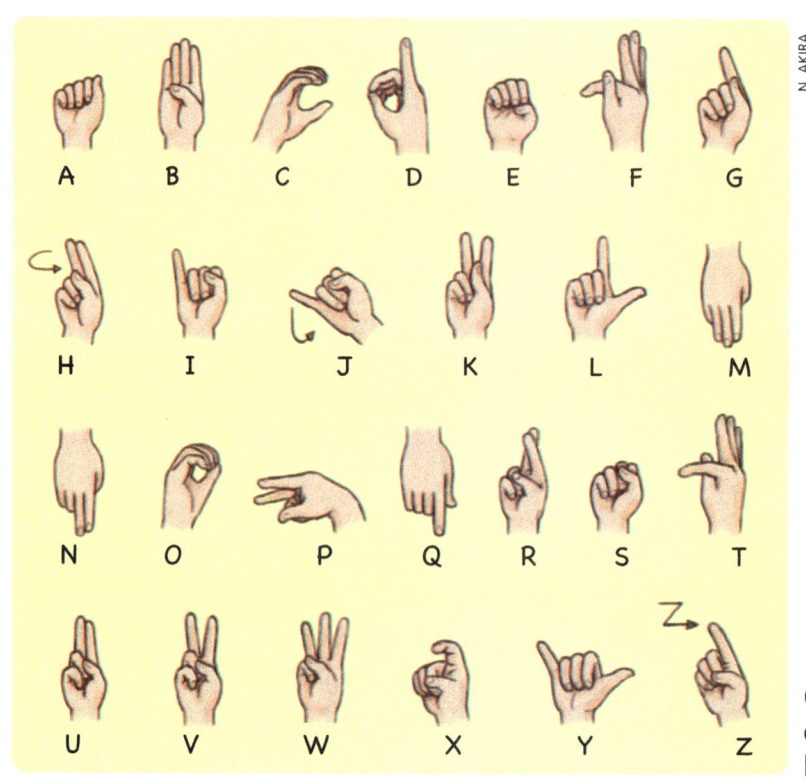

Quadro com o alfabeto em língua de sinais.

ATIVIDADE

- Reveja o alfabeto de Libras e descubra a palavra que está escrita abaixo.

SAÚDE AUDITIVA

> Quais cuidados você tem com sua audição?

Um dos principais cuidados que precisamos ter com a audição refere-se ao volume do som. É comum vermos pessoas com fones de ouvidos, mas, se o volume estiver sempre muito alto, ele poderá danificar as estruturas internas das orelhas. A pessoa poderá, pouco a pouco, perder a capacidade auditiva e isso é irreversível, ou seja, não há como recuperar.

O uso inadequado ou excessivo de fones de ouvido pode levar à perda de audição.

Veja alguns cuidados importantes para a manutenção da saúde auditiva:

- Prefira fones de ouvido que ficam externos à orelha ao invés daqueles internos.
- Use o volume sempre na metade da graduação máxima do aparelho.
- A cada hora de música ouvida com fones, faça uma pausa sem som para descansar a audição.
- Mantenha seus fones limpos e guarde-os em saquinhos ou caixinhas em vez de deixá-los em contato direto com a bolsa, a mochila ou o bolso, o que poderia contaminá-los.

A **poluição sonora** é um dos grandes males da atualidade. Em especial nas cidades grandes, ruídos causados pelos meios de transporte, sons de veículos, propagandas, helicópteros e máquinas se misturam criando um zumbido que nos deixa cansados ao final do dia. O silêncio é fundamental para a saúde auditiva e para a saúde em geral.

ATIVIDADE

- Percebam se no seu dia a dia vocês têm hábitos que podem prejudicar a audição. Conversem sobre o que poderiam fazer para melhorar esses hábitos.

UM PASSO A MAIS

▼ MÚSICA INDÍGENA

[...]

A música indígena é transmitida dos mais velhos para as crianças de forma oral. Ela pode estar ligada a momentos especiais, como festas, rituais, narrativas míticas e também ao dia a dia da aldeia! Os povos também cantam para brincar, caçar, pescar e construir as suas malocas.

Os cantos e sons indígenas têm o poder de mexer com a gente, transmitindo emoções, ideias e outra percepção de mundo. Os indígenas tocam seus instrumentos com diferentes técnicas, algumas delas muito difíceis de serem reproduzidas por nós.

[...]

O Brasil tem uma pluralidade grande de povos, com diferentes modos de vida, costumes, mitos, tradições, e, portanto, de músicas!

[...]

Crianças indígenas Sateré-maué tocando e cantando, em Manaus, AM, 2014.

MIRIM POVOS INDÍGENAS NO BRASIL. **A floresta também canta**. Disponível em: <https://mirim.org/floresta-tambem-canta>. Acesso em: 11 set. 2017.

1. Vamos fazer a leitura compartilhada do texto?

- Se tiver perguntas ou observações a fazer, lembre-se de levantar a mão e aguardar sua vez para falar.
- Se precisar, anote algumas palavras para não se esquecer do que quer falar.

_____

_____

2. De acordo com o texto, a quais momentos a música indígena está ligada?

3. Agora, vocês vão ouvir trechos de cânticos de indígenas do povo Guarani, disponíveis no *site* da Fundação Nacional do Índio (Funai). Para isso, o professor vai acessar o seguinte endereço: <http://ftd.li/9itvv9>.

Coral com crianças e jovens indígenas Guarani Mbya, da aldeia Kalipety, São Paulo, SP, 2017.

a) Tentem perceber os diferentes sons que aparecem.

b) Que tipos de instrumento são usados: de corda, de percussão ou de sopro?

c) De quem parecem ser as vozes, de pessoas adultas ou de crianças?

CENTROS, SALAS, PARQUES E MUSEUS DE CIÊNCIAS NO BRASIL

NORTE

AMAZONAS – MANAUS
Bosque da Ciência
Endereço: Rua Otávio Cabral, s/n, Petrópolis, Manaus, AM
Funcionamento: de terça a sexta, das 9 h às 12 h e das 14 h às 17 h; sábados, domingos e feriados, das 9 h às 16 h
Fone: (92) 3643-3192
Site: http://ftd.li/3f9joc

PARÁ – BELÉM
Museu Paraense Emílio Goeldi
Endereço: Av. Magalhães Barata, 376, São Brás, Belém, PA
Funcionamento: de terça a domingo, das 9 h às 17 h
Fone: (91) 3182-3200/3231
Site: http://ftd.li/hs6015

RONDÔNIA – PRESIDENTE MÉDICI
Centro de Pesquisas e Museu Regional de Arqueologia de Rondônia
Endereço: Rua Tiradentes B. Lino Alves Teixeira, 2064, Presidente Médici, RO
Funcionamento: de segunda a sexta-feira, das 7 h às 17h30
Fone: (69) 3471-2892

NORDESTE

CEARÁ – FORTALEZA
Ecomuseu Natural do Mangue – Sabiaguaba
Endereço: Rua Prof. Valdevino, 58, Boca da Barra, Sabiaguaba, Fortaleza, CE
Funcionamento: de segunda a sexta-feira, com agendamento; sábado e domingo, das 8 h às 16 h
Fone: (85) 8749-5286

PERNAMBUCO – OLINDA
Espaço Ciência – Museu de Ciência
Endereço: Parque Memorial Arcoverde, Parque 2, s/n, Complexo de Salgadinho, Salgadinho, Olinda, PE
Funcionamento: de segunda a sexta, das 8 h às 17 h, sábado e domingo, das 13h30 às 17 h
Fone: (81) 3241-3226
Site: http://ftd.li/wud7xe

CENTRO-OESTE

DISTRITO FEDERAL
Museu de Geociências
Endereço: Instituto de Geociências, Campus Universitário da UnB, Asa Central, Brasília, DF
Funcionamento: entrar em contato
Fone: (61) 3107-7002
Site: http://ftd.li/a5mg9x

GOIÁS – GOIÂNIA
Pátio da Ciência
Endereço: Campus Universitário Samambaia, UFG, Goiânia, GO
Funcionamento: segundas, quartas e sextas, das 8 h às 12 h
Tel. (62) 3521-1122, r. 244
Site: http://ftd.li/d5iwwg

MATO GROSSO – CÁCERES
Centro de Educação e Investigação em Ciências e Matemática
Endereço: Av. Tancredo Neves, 1095, Cidade Universitária/UNEMAT, Cavalhada II, Cáceres, MT
Funcionamento: de segunda a sexta, das 14 h às 17h30
Tel. (65) 3221-0510
Site: http://ftd.li/4mqsaz

MATO GROSSO DO SUL – DOURADOS
Observatório Solar Indígena da Universidade Estadual de Mato Grosso do Sul
Endereço: Rodovia Dourados Itahum, km 12, Cidade Universitária, Dourados, MS
Funcionamento: de segunda a sexta, das 8 h às 12 h e das 14 h às 18 h
Tel. (67) 3902-2360 / Fax (67) 3902-2364
Site: http://ftd.li/p5fga8

SUDESTE

MINAS GERAIS – JUIZ DE FORA
Centro de Ciências da Universidade Federal de Juiz de Fora
Endereço: Rua Visconde Mauá, 300, Santa Helena Juiz de Fora, MG
Funcionamento: de segunda a sexta, das 8 h às 18 h; quintas das 19 h às 21 h
Tel. (32) 3229-7606
Site: http://ftd.li/s7whyt

RIO DE JANEIRO – RIO DE JANEIRO
Museu Ciência e Vida
Endereço: Rua Aílton da Costa, s/n, 25 de Agosto, Duque de Caxias, RJ
Funcionamento: de terça a sábado, das 9 h às 17 h; domingos e feriados das 13 h às 17 h
Tel: (21) 2671-7797
Site: http://ftd.li/y8scxa

SÃO PAULO – SÃO PAULO
Catavento Cultural e Educacional
Endereço: Av. Mercúrio, s/n, Parque Dom Pedro II, Brás, São Paulo, SP
Funcionamento: de terça a domingo, das 9 h às 17 h (bilheteria até 16 h)
Tel. (11) 3315-0051 / Fax (11) 3246-4138
Site: http://ftd.li/9rxaj8

SUL

PARANÁ – LONDRINA
Museu de Ciência e Tecnologia de Londrina
Endereço: Rodovia Celso Garcia Cid, Pr, 445, km 380, Campus Universitário, Londrina, PR
Funcionamento: segunda e terça, das 9 h às 11 h e das 15 h às 17 h
Tel./Fax (43) 3371-4804 / 3371-4805
Site: http://ftd.li/y696vt

RIO GRANDE DO SUL – SANTA MARIA
Jardim Botânico da Universidade Federal de Santa Maria – Centro de Ciências Naturais e Exatas
Endereço: Av. Roraima, 1000, prédio 13 (CCNE), Camobi, Santa Maria, RS
Funcionamento: de segunda a sexta, das 8 h às 12 h e das 13 h às 17 h
Tel. (55) 3220-8339 r. 222 e 225
Site: http://ftd.li/s2qjih8

SANTA CATARINA – FLORIANÓPOLIS
Planetário da Universidade Federal de Santa Catarina
Endereço: Centro de Filosofia e Ciências Humanas, Campus Universitário, Trindade, Florianópolis, SC
Funcionamento: segunda a sexta, com agendamento
Tel. (48) 3721-4133 / Fax (48) 3721- 2003
Site: http://ftd.li/cycxrz

REFERÊNCIAS BIBLIOGRÁFICAS

AZEVEDO, Maria N. de. **Ensinar ciências e pesquisa-ação**: saberes docentes em elaboração. Jundiaí: Paco, 2013.

AZEVEDO, Maria N. de. **Mediação discursiva em aulas de ciências, motivos e sentidos no desenvolvimento profissional docente**. Tese de Doutorado para o Programa de Pós-Graduação em Educação. Área de Concentração: Ensino de Ciências e Matemática. Faculdade de Educação da Universidade de São Paulo, SP, 2013.

BRANCO, Samuel M. **O meio ambiente em debate**. 3. ed. São Paulo: Moderna, 2004. (Polêmica).

CARVALHO, Anna Maria Pessoa de; GIL-PÉREZ, Daniel. **Formação de professores de ciências**: tendências e inovações. São Paulo: Cortez, 1995.

CARVALHO, Anna Maria Pessoa de (Org.) **Ensino de ciências por investigação**: condições para implementação em sala de aula. São Paulo: Cengage Learning, 2013.

CHASSOT, Attico. **Alfabetização científica**: questões e desafios para a educação. Ijuí: Unijuí, 2001.

DE CASTRO, Tamiris Franco; GOLDSCHMIDT, Andréa Inês. Aulas práticas em ciências: concepções de estagiários em licenciatura em biologia e a realidade durante os estágios. **Amazônia**: Revista de Educação em Ciências e Matemáticas, v. 13, n. 25, dez. 2016. Disponível em: <http://periodicos.ufpa.br/index.php/revistaamazonia/article/view/3800>. Acesso em: 23 maio 2017.

ESPINOSA, Ana Maria. **Ciências na escola**: novas perspectivas para a formação dos alunos. São Paulo: Ática, 2010.

FRACALANZA, Hilário; MEGID NETO, Jorge (Org.). **O livro didático de ciências no Brasil**. Campinas: Komedi, 2006.

FRANCO, Silmara; ALVES, Januária Cristina (Coord.). **Navegando em mares conhecidos**: como usar a internet a meu favor. São Paulo: Moderna, 2012.

GASPAR, Alberto. **Experiências de ciências para o ensino fundamental**. São Paulo: Ática, 2015.

IHERING, Rodolpho Von. **Dicionário dos animais do Brasil**. Rio de Janeiro: Difel, 2002.

MONTANARI, V. **Energia nossa de cada dia**. São Paulo: Moderna, 2003.

MORALES, P. **Avaliação escolar**: o que é e como se faz. São Paulo: Loyola, 2003.

MORIN, André; GADOUA, Gilles; POTVIN, Gérard. **Saber, ciência, ação**. São Paulo: Cortez, 2007.

MORTMER, Eduardo F. **Linguagem e formação de conceitos no ensino de ciências**. Belo Horizonte: Ed. UFMG, 2000.

POUGH, Harvey F.; JANIS, Christine M.; HEISER, John B. **A vida dos vertebrados**. 4. ed. São Paulo: Atheneu, 2008.

RAVEN, Peter H. et al. **Biologia vegetal**. 7. ed. Rio de Janeiro: Guanabara Koogan, 2007.

RIDPATH, Ian. **Guia ilustrado Zahar**: Astronomia. Rio de Janeiro: Jorge Zahar, 2007.

RODRIGUES, Rosicler M. **O solo e a vida**. São Paulo: Moderna, 2013.

ROSA, Marcelo D'Aquino; MOHR, Adriana. Seleção e uso do livro didático: um estudo com professores de ciências na rede de ensino municipal de Florianópolis. **Ens. Pesqui. Educ. Ciênc.**, Belo Horizonte, v. 18, n. 3, p. 97-115, set-dez 2016. Disponível em: <http://www.portal.fae.ufmg.br/seer/index.php/ensaio>. Acesso em: jan. de 2017.

SADAVA, D. et al. **Vida, a ciência da biologia**. 8. ed. Porto Alegre: Artmed, 2009.

SANTOS, Boaventura de Sousa. **Um discurso sobre ciências**. São Paulo: Cortez, 2003.

SAPIENSE, Silvia; Equipe Editorial Parramón (Adap.). **Atlas de anatomia**. São Paulo: FTD, 2006.

SOBOTTA, Johannes. **Atlas de anatomia humana**. 23. ed. Rio de Janeiro: Guanabara Koogan, 2013.

SOCIEDADE BRASILEIRA DE ANATOMIA. **Terminologia anatômica**: terminologia anatômica internacional. São Paulo: Manole, 2001.

TELLES, Marcelo de Q. et al. **Vivências integradas com o meio ambiente**. São Paulo: Sá Editora, 2002.

VALADARES, Eduardo de C. **Física mais que divertida**. Belo Horizonte: UFMG, 2012.